マイナビ新書

東京の大問題！

佐々木信夫

マイナビ新書

はじめに

この本は、東京が抱える様々な問題について、特に行政の面から解説しようと試みたものです。東京一極集中が問題視されていますが、実際の東京の政策本部と思われる「都庁」となると意外に知られていません。都知事、都議会議員といった選挙で選ばれる人たちの活動もそうですが、毎年14兆円という予算を使い、17万人の都庁公務員がどんな仕組みの中でどんな活動をしているのか、ほとんどわかりません。

2016年夏に始まった小池都政が一番力を入れているのは「都政の見える化」です。でもよく考えてみると、なぜ今さら、こんな話をしているのでしょうか。制度などは既に30年以上も前にできているのに。ここが問題です。制度はできても運用が伴わなければ何も変わりません、その運用に携わる職員の意識が変わらなければ、もともとの制度そのものが生かされません。そうした「負のスパイラル」のような話は山ほどあります。都庁に限らず、他の役所、国の省庁官僚の隅々まで蔓延している話です。

いま、地方消滅に対する危機感と、それに対する地方創生の議論が活発ですが、この先、わが国の最大の危機はこれまで大量の人口を集めてきた大都市、とりわけ東京が急速に「老いていく」ことではないでしょうか。これへの対応を誤ると、東京崩壊すら危惧されます。人口絶対減少社会に突入し、「老いる東京」の諸問題の解決は待ったなしです。

医療、福祉、介護、文化、教育、子育て支援などソフトな領域。また整備から50年以上経った道路、橋、上下水、地下鉄、地下道、公共施設などのハードなインフラの劣化領域。金融は既にロンドン、ニューヨーク、パリはおろか、アジアでもシンガポールに抜かれるなど、国際競争力が目に見えて落ちてきているのが現在の東京です。
「見える化」だけを図っていても、都政は都民の役に立ちません。見える化が前提ですが、政策エンジンを持った都庁に変えないと、政策本部「都庁」と呼んでも、読者のみなさんにはソッポを向かれるのではないでしょうか。そんな問題意識から、行政の面を中心に書いたのが本書『東京の大問題！』です。

都庁が新宿に移転し、今年でちょうど25年になります。バブル経済の真っ盛り、丸の内から新宿に総経費2400億円、職員1万3000人に及ぶ大移転を当時、「ミニ遷都」と呼びましたが、その新宿都庁は、いまや東京のシンボル、観光客の人気スポットとなっています。

しかし、そこでの政治は不安定さを増しています。ここ25年の間に、都知事は鈴木俊一氏、青島幸男氏、石原慎太郎氏、猪瀬直樹氏、舛添要一氏と5人も代わりました。そしていま6人目の小池百合子氏が就任したところです。特に石原氏が4選の後に1年半で辞任した後は、都知事は回転ドアのように目まぐるしく代わっています。

猪瀬氏が1年、舛添氏が2年4カ月、そして小池氏へと4年もの間に補選のような都知事選が3回も行われました。1回当たり50億円の公費を投じての都知事選です。果たして首都のトップリーダーにふさわしい適材は選ばれているのでしょうか。

都知事の資質を問う間もなく、マスコミの人気投票のような選挙で次々に選ばれる都知事。就任時には人気が高くても、期待が失望へと変わるのも早いものです。あまりにも浮沈が激しく、都庁という巨大官僚制にトップリーダー不在ともいえる状況が続いてきました。そのことと、現在起きている巨大都庁、都政への不信は深く関わっています。

ともあれ、国民の1割、1300万人余が暮らす東京には、毎日数百万人にも及ぶ内外から出入りする人たちがいます。その巨大都市東京の政策本部が都庁です。首都自治体の都庁を「もう1つの政府」と呼んでもよいでしょう。14兆円の予算規模、防衛省を除く日本最大級の17万官僚体制、GDP（国内総生産）で世界15指にも数え得る、一国相当の経済力を誇ります。

その巨大都庁はいったいどんなしくみで動いているのでしょうか。新宿にそびえ立つ都庁舎という建物自体はともかく、行政の内側についてはほとんど知られていません。小池都政は「見える化」と称し、断片的に都政の活動を報道によって明らかにしていますが、その一部の報道が巨大都庁の全貌を表しているとは思えません。

就任間もない小池氏が都知事として、中央卸売市場の築地から豊洲への移転に関する行政上の杜撰《ずさん》な扱いを見て自らの都庁を「無責任体制」と喝破しましたが、もし都民、国民がそれを真に受けたとしたら、都政は解体、再編を余儀なくされてしまいます。

しかし、平均70点都政ともいわれる精緻に作動する都庁官僚制は本当に無責任体制なのでしょうか。都民の生活を日常的にシステマティックに支えている都庁官僚制は本当に「無責任の連鎖」なのでしょうか。一部のブレーンの見方をオウム返しのように述べているだけなのではないでしょうか。

筆者は何も小池氏の問題意識や指摘を否定するつもりはありません。むしろ高く評価しています。さすがはマスメディア出身の鋭い目と勘を持った従来にない都知事だと見ています。ただ、気をつけないと「都民ファースト」が「メディアファースト」になりかねません。

それはともかく、都知事にはどんな権力があり、その源泉はどこにあるのでしょうか。14兆円の予算に対して、都知事の裁量はどれぐらい発揮できるのでしょうか。都庁の副知事、局長にはどんな人がなり、管理職はどう選ばれているのでしょうか。若手職員はどんな希望を持って都庁に入るのでしょうか。都庁の経営はどこでどうかじ取りされているのでしょうか。マンモス都庁の人事、予算編成、政策決定はどんなしくみの中で行われているのでしょうか。

参議院の半数にも及ぶ127名の数を誇る日本最大の地方議会。この都議会は首都の政治をどう導こうとしているのでしょうか。日頃はどのような議会活動をしているのでしょうか。その議員の待遇はどのようなものなのでしょうか。それにふさわしい日常活動をしているのでしょうか。都知事と都議会はどのような関係にあるのでしょうか。小池都政では議会に「根回しはしない」とされていますが、現実問題としてそれで都政はうまく回るのでしょうか。

また、東京の地方分権、都政と特別区などとの関係はどうなっているのでしょうか。「金満東京」という表現が独り歩きしていますが、本当に都政にはカネがあり、今後の都財政の運営に不安はないのでしょうか。木造家屋の密集地が点在し、劣化して老いるインフラが増大してきた東京は、もし巨大地震に襲われたらどうなるのでしょうか。都民のことだけ考え、副首都の形成や地方分散など日本の新たな国のかたちを議論しなくてもよいのでしょうか。骨太の都政運営の方向が見えない今、都政は東京をどのような方向に導こうとしているのでしょうか。次々に様々な疑問が湧いてきます。

これらについて、わかりやすく解説してみようと試みたのが本書です。これまで見たことのない都政を実現すると小池氏はいいますが、それはどんな都政でしょうか。「都政の見える化」だけでなく、都民、法人の都政参加を強力に進めるべきではないでしょうか。

いずれにしても、都政を知る手立てがないなら、これらはお題目に終わります。ひととき都庁職員を経験し、その後、大学教授に転じて30年近く都政を眺めてきた者の責任として本書を書いてみました。

東京の政策本部・都庁を理解するうえで何らかの手掛かりを提供できているなら幸せです。

２０１６年12月　佐々木信夫

目次

第1章　最近の都政を読む

第2章　都庁の内側

第3章　「都知事の権力」とは

第4章　都庁の人事制度の功罪

第5章　都議会とその改革

第6章 都庁の政策決定のしくみ

第7章　豊かな都財政——危機迫る

第8章　東京23区とその将来

終章　東京の政治――大きな振り子

第1章

最近の都政を読む

小池新都知事の誕生

２０１６年7月31日。舛添要一氏が東京都庁を去って約2カ月後、東京の政治風景は一変しました。暗雲が垂れ込めた都政から、澄み切ったクリーンな都政へ、戦後70年見ることのなかった女性都知事が誕生したのです。

都知事選の投票率は59・73％と前回より13ポイントも高く、無党派層にも人気の高かった小池百合子氏（64）が約２９１万票と、2位の増田寛也氏（64）１７９万票、3位の鳥越俊太郎氏（76）１３４万票を１００万票以上も引き離しての圧勝でした。

これまでの都知事選には「他道府県知事経験者は選ばれない」「女性都知事は誕生しない」というジンクスがありましたが、その後者が破られたことになります。初めての女性都知事の誕生は、都政に新しい歴史を拓くだけでなく、女性活躍社会の飛躍へつながるでしょう。

山積みする小池都政の課題

どこの地域の知事でも大なり小なり似た役割ですが、特に都知事には政治家、経営者、外交官という3つの役割が求められます。選挙公約をしっかり実現する政治家としての役割、一国に相当する規模の14兆円財政と17万職員をリードする経営者としての役割、そして世界の主要都市との友好関係を築く外交官としての役割です。

こうした観点から見たとき、大勝したとはいえ、ほとんど政策論争も改革論争も人物評価もないまま、メディア選挙を勝ち抜いた小池氏の都政は今後順調に進むのでしょうか。

それにはまず、都政改革をしっかりと進めることです。少し時間が経ったとはいえ、事実上、13年余り続いた石原都政の総括と、その後、リリーフに失敗した猪瀬、舛添両都政のカネの問題を総括したうえで改革を進め、それと並行して新しい都政へと進まなければなりません。

政策面でいうと、東京の政策が「経済優先」「生活優先」のいずれで進むべきかといえば、やはり都民の生活が優先するといえるのではないでしょうか。なぜなら、大都市の少子高齢化は世界的にも前例がなく、「老いる東京」への不安はソフト、ハードの両面で強いからです。

そのうえで、待機児童解消、特養ホーム建設促進など少子高齢化対策にもっと本腰を入れること。また区部と多摩地域の格差、23区内の地域格差、生活者間の貧困格差、家庭の経済力に伴う教育格差、労働者の3分の1をも占める非正規労働者と正規労働者との格差（雇用問題）をどう解決するか。さらに道路、橋、上下水道など古くなった都市インフラの更新、いつ起こるかわからない首都直下型地震、集中豪雨に対する防災対策にも大きな投資が必要となるでしょう。

ただ、これらの課題解決には膨大な予算が必要です。都財政は14兆円もあり、「自主財源」が多く豊かであると報じられますが、実際は景気動向、企業収益に左右される法人2税への依存割合が高く、不安定なものです。景気が後退すると、過去には年間1兆円も減収になったことがありました。

ですから小池氏は、波乗りの都財政運営を強いられることを肝に銘じなければなりません。しっかりした財政計画の下、無駄のない、財政規律の保たれた財政運営が不可欠となります。

失われた20年と老いる東京

「都庁」の新宿移転から25年。この四半世紀の間に、時代は大きく変わりました。バブル経済の崩壊後、長期の不況に突入し、就職氷河期、不良債権問題、リーマンショックと次々に襲う不安要因に対し、国は800兆円もの国債を発行して内需確保に躍起でした。しかし、GDPはこの20年間、事実上ゼロ成長で「失われた20年」ともいわれています。

この「失われた20年」の間にも、東京一極集中の構図は止まりませんでした。日本は既に人口絶対減社会に入っていますが、東京は今でも人口が増え続けています。自然増（出生数と死亡数の差による増加）ではなく社会増（人口移動による増加）ですが、東京一極集中が進んだ結果、国民の1割超が東京に住んでいる状況になっています。

そしていまや、日本のＧＤＰの２割、国税収入の４割、株式売上高の９割、本社・本店・外国企業の５割、情報サービス業（売上）の５割、銀行貸出残高の４割、商業販売高の３割を東京が占有するに至っています。

大学に学ぶ者の４割が東京に集まり、多くの者が卒業後も東京にとどまって就職しています。東京以外の地方で学業を終えた若者の中にも、東京を就職先に選ぶ人も多くいます。

こうして、東京だけが膨張しています。ところがその東京も、少子高齢化が急速に進展し、人もインフラも「老いる東京」が問題化してきました。この先、深刻な東京劣化問題が都政を直撃します。

一方で、日本全体を見渡すと、地方は人口急減により過疎に苦しんでいます。あと20年もすると、全国の半数の市町村で人口が半減し、ある調査によれば「消滅」する地域も2割に及ぶとされます。「老いる東京」と「消滅する地方」。この双子の問題を抱えた日本、果たして今後いったいどうしたらよいのでしょうか。

新しい都政の使命

東京一極集中の状況とはいえ、東京の政治が安定し栄えているわけではありません。むしろ、不安定さを増しているといえます。「豊かさの中の堕落」なのか、都政もパッとしません。

小池都政発足後、様々な問題が提起されてきましたが、しかし今後は、事態の収拾を含め問題解決型の都政へ転換できるかどうかが試されます。小池氏に、トップリーダー、かじ取り役としての経営力や実行力があるのでしょうか。

時代的使命として、いま都政は大きく2つの課題解決を迫られています。

1つは、2020年に向けて東京オリンピック・パラリンピックという国際的ビッグイベントを成功に導くこと、もう1つは、都政の本来の仕事をきちっと仕上げていくことです。

特に後者の問題、東京が直面していく「老いる東京」、人もインフラも老いていくという前例のない事態が抱える量的・質的な構造変化と、そこから生ずる矛盾や問題を、公共の立場からしっかり解決していくことです。

この第一、第二の課題解決を両立できるかどうか。都政の外交、内政という見方をするなら、この時期、都知事は2人必要かもしれません。現実には1人しかいないのですから、1人2役ができるかどうかが重要です。

小池氏が都知事になって100日が過ぎ、いわゆるハネムーンの時期も終わりました。この間、マスコミが小池都政をつぶさに報じてきました。都政がこれほどまで全国放送を通じてマスコミに報じられた例はありません。

それだけ注目度の高い小池都政ですが、今後はどうでしょうか。小池氏の登場は、初の女性都知事でもあり、政治とカネで失われた都知事への信頼回復と、遅滞・停滞した都政の前進を図ることが期待されての就任だったはずです。

小池都政の100日を見ると、都政刷新の視点から様々な問題を提起し、都民ファーストの視点で「都政の見える化」を図る努力をしてきました。築地市場の豊洲移転を延期し、オリンピック施設の整備費見直しなどいくつかの問題提起をしてきました。100日の時点で評価する限り、小池都政への評価には高いものでした。

ですが、オリンピック施設の見直しでは、ボート・カヌー会場を東京ではなく宮城県の長沼ボート場に移せるかのように動き回りましたが、実際には東京で行われます。決定過程の「見える化」を図るのはよいと思いますが、しっかりと練ったうえで物事を決めないと都政は混乱します。

「東京は豊か」という時代の終わり

地方消滅の危機感に対して地方創生の議論が活発に行われていますが、わが国の最大の危機は、これまで大量の人口を集めてきた大都市東京が急速に「老いていく」ことではないかと考えられます。これへの対応を誤ると、東京の崩壊すら危惧されます。

これまでの東京は若者が集まる場であり、常に経済は成長し、人々の所得も増え、自治体の税収も潤沢にあるという、「成長する」東京モデルが前提にありました。都政の税収も潤沢で自立性が高い財政運営を可能とし、戦後一貫して唯一の地方交付税の「不交付団体」と扱われてきました。しかし、その成長モデルが崩壊する日は近いのです。

東京五輪の行われる2020年の後に、東京は大きな転換点を迎えます。高齢化が加速し、２０４０年には、現在より高齢者が１５０万人も増加すると予測されます。高齢者は自己防衛のためどんどん貯蓄を食いつぶし、結果、東京の貯蓄率は低下し、老朽化していくインフラの更新もままならず、都市がスラム化する恐れすらあります。

独居老人が増え、税金、家賃を負担しきれなくなった多くの高齢者が家を失い、老人ホームは圧倒的に不足します。待機児童問題がクローズアップされていますが、それ以上に待機老人問題がより深刻化します。これを暗い側面だと目をつぶって見過ごすことはできません。

救急車も消防車も入れない木造住宅密集地帯（いわゆる木密地帯）が多く残る東京（例えば荒川区）で、地震に襲われ火が出ると大火災になる可能性もあります。集中豪雨に襲われ、荒川ほか多くの河川で許容水位を超え堤防が決壊すると、いわゆるゼロメートル地帯だけでなく、海抜２～３ｍ地域など相当広範囲の地域が水浸しになります。

網の目のように張り巡らされた地下鉄や地下空間に大量の雨水が一気に流れ込むとどうなるでしょうか。想像するだけで恐ろしいです。「水没する東京」を警告する書籍（土屋信行『首都水没』文春新書）もあります。

「成長する」東京モデルから「老いる」東京モデルへの転換、まさに政策面での東京大改革が求められます。

小池都政がいま進めている東京大改革は「都政大改革」に過ぎません。それも大事な側面ですが、東京に暮らす人々、全国、世界から東京に関わる人々にとって、より大事なことは、成長する東京モデルを前提に組み立てられてきた、これまでの「揺りかごから墓場まで」に関わる政策の大転換を図っていくことです。老いる東京モデルの構築とそれを解決する様々な面での公共政策を今から的確に打っていかないと、東京崩壊もありうるからです。

東京の高齢化は著しいものがあります。オリンピック景気に沸く経済都市東京ですが、生活都市東京の面から見ると、極めてもろい顔がのぞきます。「真の東京大改革」はそうした東京の生活都市面の不安、懸念、不信、不満、危機的な状況を克服する政策転換を図っていくことではないでしょうか。

当選後、豊洲移転が争点に

人の面で少子高齢化が進み、特に医療施設や介護施設の不足で待機老人が急増する東京。一方で、道路、橋、上下水道、公共施設の老朽化など「老いる東京」という従来になかった心配事が膨らんできています。この大都市東京を、女性の目で、小池氏がどのように政策的に組み立てていくのか注目していました。

あわせて、いわゆる舛添問題で3カ月以上も混乱、停滞が続いた東京都政をどのように立て直し、新しい都政推進の体制をどうつくるのか、大きな期待感を持って見守ってきました。

しかし、どうもその期待は急速にしぼみつつあります。これは筆者の個人的印象に過ぎませんが、有力候補3人で争った都知事選のさなか、ほとんど争点にも話題にもならなかった「豊洲市場への移転」を止める（延期する）という話が急浮上し、それにかなりの時間を割きました。

何か事件が起きたという話ではなく、豊洲への移転を11月7日にセットしていることが疑問で、地下水の汚染状況を9回調べる調査があと1回残っているのに（8回は特に問題なし）、「食の安全」を担保できないとして移転を延期するというのでした。

移転後の築地は直ちに更地にし、その地下に環状2号線というオリンピック道路を建設する計画があり、それも日程的にギリギリのところにきての延期宣言でした。もう現時点でこの建設は不可能になったとされます。

確かに選挙中、小池候補だけは、中央区や江東区という築地市場周辺での街頭演説で「移転を立ち止まって考えたい」といったセリフを繰り返していましたが、東京23区全体、あるいは多摩26市域での演説ではそうした話は聞こえませんでした。しかも公約集にもありません。

公約集の「セーフ・シティ」という括りで「もっと安心、もっと安全、もっと元気な首都・東京」づくりで述べているのは、住宅の耐震化、不燃化の促進とか、都道の電柱ゼロ化とか、公共施設を守るテロ対策の本格化などに過ぎません。

ですが、動き始めた小池都政の一丁目一番地、「改革」の最大の焦点であるかのように豊洲問題が浮上してきたのは、なぜなのでしょうか。マスメディアが連日報道するので、誰もこれに疑問を挟みません。報道の怖さも感じますが、その争点を設定したのは都知事就任後の小池氏自身です。

筆者は、食の安全を「都民ファースト」の重要ポイントに据えるのは特に異論はありません。ただ、「都民」という場合、消費者都民だけでなく生産者都民(法人)も存在することを忘れてはならないのです。

「築地《つきじ》市場」は東京都の施設ですが、それはある意味、全国の水産物市場の中核的存在です。都民の胃袋だけでなく、関東、全国の胃袋を賄い、すし店等ではブランド扱いの存在です。

築地市場の問題点

いかんせん、この築地市場の施設は戦前の１９３５年にできたもので、既に80年以上を経過しボロボロに近く、アスベストも使われており、地震のたびに一部が破損、落下するしろものです。このような「施設の老朽化」に加え、安全性・衛生面でも大きな問題を抱えています。

いわゆる昔の魚市場の形態で荷置き場が不足し、一時荷を屋外に置いて風雨に吹きさらしとなることが日常茶飯事。さらに、作業が非能率的です。駐車場、荷さばきスペースが大幅に不足し、入場待ちトラックで大渋滞し、混み合い、至るところで荷の積み下ろしが行われる始末です。

これを豊洲新市場開設により、①コールドチェーンシステムを確立し、外気の影響を遮断する「閉鎖型施設」に変え、②食の安全・安心を確保し、③物流の効率性を高め、④加工・パッケージ機能を高めるなど、多様なニーズに応えようとするのが移転計画です。

ただ、新市場には土壌汚染問題があります。過去8回の検査では大きい問題がありませんでしたが、最後の9回目の検査が11月18日から始まりました。その結果は1月終わりに出るとされますが、それを待たずに「移転するのはいかがなものか」と待ったをかけたのが小池氏でした。

問題を解決できるか

この種の公共事業を最終段階で止めた過去の例を見ると、その後が気になります。例えば民主党政権が「コンクリートから人へ」の公約実現のシンボルとして、首都圏最大級のダムとされた「八ッ場《やんば》ダム」の建設計画（2015年完成予定）

を、2009年の政権発足直後にストップしました。その後、混乱を重ね、結局はストップの根拠が稀薄であるとして3年後に再開したのですが、約55億円の追加コストと現地に多大な混乱、迷惑を掛けました。

もう1つ、都政では1995年当選の青島幸男知事が就任1カ月後、都議会の100対23の反対を押し切って、8割まで準備が進んでいた「世界都市博」を中止しました。損害賠償を含め中止に要した費用は650億円にものぼりました。

その青島氏は公約を守る男として一時脚光を浴びましたが、その後何も成果を出せず、都知事1期で都政を去りました。実は石原都政を除くと、この青島都政の頃からメディア選挙、人気投票のもろさが都政を覆っていたと見ることもできます。

小池氏の中央卸売市場移転の延期は、1~2年ともいわれますが、実際いつまで延期し、その間、どんな改善を図るのでしょうか。具体的な日にちは業界団体と調整して決めるとしていますが、根本から環境アセスをやり直す事態に発展すれば、移転時期はさらに延びるといいます。

こうした判断の結果、2020年東京五輪の主要道路、環状2号線を築地市場の跡地の地下を通す計画もご破算となり、間に合わせに地上を通る迂回道路を建設するというドタバタに。工事契約者へは相当の違約金を払わなければなりません。工事延期に伴う損害賠償まで含めると100億円以上にも上るとか。

移転延期の間、既に完成した豊洲市場は維持費だけで1日500万円も掛かるとされ、仮に1年延期ともなれば、業者への損失補償、水産業者の負担は100億円を超えるものとなるでしょう。

業者にはつなぎ融資を1000万円の限度で行うとしていますが、それはあくまでも貸し付け。ここは都の費用で損失補償をすべきではないでしょうか。水産物の卸を廃業する業者も相次ぐことが見込まれ、この先、豊洲移転延期に関連する一連の問題は小池都政のアキレス腱になるかもしれません。

都政の情報公開が進んだ、決定過程の透明化がよい、手続きが丁寧だ、クリーンなイメージなどと小池都政の改革手法への評価は高いです。それは政治とカネに翻弄され、都議会との癒着構造の中で進められた「閉じた都政」の猪瀬、舛添都政を反面教師とする「開いた都政」への高い支持といえるでしょう。

ですが、過去の例を見てもわかるように、ワンイッシュー・ポリティクス（単一争点政治）は一時的に人気が高まりますが、結局、終わりが来やすく、それは「小池劇場」も例外ではないと思います。ポピュリズムともいわれる政治に翻弄される一般都民は、一連の小池都政の進め方についてこの先どう見ていくのでしょうか。

第2章
都庁の内側

約17万人体制の都庁

地方自治体はサービス産業の性格が強い。マンパワー（人手）を通じてのサービス提供が多いからです。そういったことから、職員数はどうしても多くなります。もちろん、民間並みの仕事をすることが前提ですが。

中でも都庁は、知事部局等（公営企業を含む）3万7944人、これに学校教職員6万3622人、警察官4万6250人、消防吏員1万8263人が加わり、総計16万6079人の職員を抱える巨大な組織です（2015年度条例定数）。

これは日本の自治体で最も多く、自衛官25万人を擁《よう》する防衛省を除くと最大規模の行政機関です。これでも以前より4万人近く減りました。かつて都庁は20万人体制といわれた時代が長く、人口が増え、税収が増え、行政需要も増える中、日本が高度成長の時代には、職員も右肩上がりで増えました。

日本が第2次石油危機でマイナス成長に転じるまで職員は増え続け、1978

年には最大22万3000人までに膨れあがっていました。

その後、行政改革で人員削減が行われ、石原都政での行革では2万人余を削減しました。ここ数年はオリンピック関連の事業が増え、総じて職員削減の改革志向は薄れていますが。

都庁職員約17万人のうち新宿の本庁舎に勤務している者は約1万人のみです。ほかは都内各地にある事業所、各局の出先機関、学校、病院、警察署、消防署などで働いています。

人事権は都知事にある

この巨大都庁で働く職員の人事権（採用から昇任、昇格、異動、退職まで）の権限は基本的に都知事にあります。局長以下の人事異動、外部からの人材登用も都知事の権限であり、人事を通じて適材適所を配置し効率的な都政を実現するのが知事の務めです。

ややもすると、官僚制は、仕事を増やし予算を増やし人を増やすなど常に膨張する傾向にあり、責任体制が緩みがちですから、公選知事としてこれをしっかりコントロールし統率する強いリーダーシップが求められます。

国政でよく官僚政治、官僚依存が問題視されます。実は都政も広い意味では官僚依存の体質を持っています。都知事が強い権限を持つとはいっても、それには限界があります。豊洲移転問題で知事はおろか、中央卸売市場長もその中で起きていた事実を「知らなかった」という話の例のように、膨大な官僚機構の隅々まで目配りできるはずもありません。

伝統的に議会対策と称する質問取りなどの根回しは都庁官僚が受け持っていますが、小池氏はこれを廃止するといっています。廃止するのはよいのですが、それに代わる議員とのコミュニケーションの方法はあるのでしょうか。それを示せない限り、ただ議会との情報交流回路を断絶するだけでは、益より害の方が大きいのではないでしょうか。むしろ「根回し」の「見える化」を工夫してみたらどうでしょうか。

揺りかごから墓場まで、実に広い守備範囲を持つ都政は、事業官庁の色彩が強い。もっと政策官庁的な業務に純化する工夫をすべきですが、ともかく業務の多くがルーチンワークであり、その意思決定は官僚任せのボトムアップになりやすいのです。

戦後、3期以上都知事を務めた石原慎太郎氏や鈴木俊一氏といった実力者でもそうでしたから、普通の都知事の場合は大統領制だといっても、巨大官僚制に飲み込まれやすいものです。小池氏がスタートダッシュはよくても、そのうち、種切れ、息切れとなり、次第に都庁官僚制に飲み込まれていく可能性もないとはいえません。

だからといって、特定の少数ブレーンの意見に依存しすぎるやり方は感心しません。顧問、参与などはブレーン扱いとはいえ、権限も責任もないアドバイザーに過ぎません。結果について責任を負う立場にもなく、責任を負うのは知事自身です。そこをわきまえないと方向を間違ってしまう場合があります。

都庁官僚制の功罪

１９６７年から１９７９年の３期・12年間にわたり都知事を務めた美濃部亮吉氏の革新都政は、「くたばれ官僚制」を合い言葉に、「都民の・都民による・都民のための都政」を都庁の内外に訴え続けました。

いまの小池流にいえば、「都民ファースト」ということになるでしょうか。美濃部時代に育った年配の都庁人に「都庁官僚」という意識はありません。都民が主人公と根から思っているからです。それはよいことです。しかし官僚制という言葉の使い方に誤解があります。

官僚制は講学上、「特定のピラミッド構造の組織形態」を指しています。これは本来民間、役所を問わずトップが1人で末広がりのピラミッド組織を指すものですが、仮に行政官僚制に絞り込んでも、国の省庁に限らず、都庁ほか一定規模の自治体は典型的なピラミッド組織、官僚制であるといって間違いありません。

こうした官僚制は精密機械のように精巧で優れているのですが、一方で社会に害悪をもたらすともいわれます。例えばアメリカの社会学者、R・マートンは、官僚制は職員が、①規則の遵守、②公平無私の対応、③指揮命令の一元化、④上命下服、⑤身分保障、といった諸原理を守れば守るほど、社会に害悪を生み出すと指摘しています。

そこでは杓子定規の法解釈が行われ、尊大横柄な態度が生まれ、セクショナリズムが横行し、官尊民卑の考えが生まれてしまいます。窓口のたらい回し現象もそうです。この官僚制の弊害をマートンは「訓練された無能力」と呼んでいます。

国の官僚依存に対する批判は、本来は政治が担うべき政策決定まで事実上官僚が支配することを問題にしていますが、自治体の場合は、税金の無駄遣い、職員の不祥事、非能率な仕事ぶり、無関心、無責任、タコつぼ型の仕事の仕方を問題にすべきです。実は小池氏の見た都庁の弊害（小池氏はそれを無責任体制と呼んだのですが）は「訓練された無能力」現象なのではないでしょうか。

これを単に「自立改革」の覚醒を呼びかけただけで解決できるでしょうか。根はもっと深いのではないのか。これを根絶するのが行革、公務員改革の核心ですが、ただ従来のような人を減らす、仕事を減らす、予算を減らすといった量的行革ではうまくいきません。成果主義、目標管理、小チームでの仕事スタイルなど、新たな質的行革をしっかり根付かせる必要があるのではないでしょうか。

人材育成「失われた20年」

以前から都庁に、「真の官僚はいないが、官僚主義はある」という指摘がありました。だいぶ前ですが公式な審議会からも、マンモス都庁の組織風土について次のような指摘がなされてきました。
①人事管理の体質が古い
②人事管理に有機的一体性がない
③人事管理が形式的、画一的である

これらは「東京都行財政臨時調査会」（第3次答申、1969年）での指摘です。もう50年近く前の話ですが、いまでも該当している気がしてなりません。

また十数年前、都庁自身が「原始都庁」という表現で7つの大罪を認める指摘をしたこともあります（東京都IT推進室『いま原始都庁から電子都庁へ』2002年4月）。電子都庁を議論する前に「原始都庁」の体質を克服すべきだとし、次の7つを問題としています。
①中間管理職が多く、トップと現場の意思疎通がない
②組織が縦割りでタコつぼ化している
③すべて意思決定が遅い

④会議が仕事になっている
⑤コスト意識がほとんどない
⑥職員の意欲が失せる運営体制
⑦顧客（都民）の方を向いて仕事をしていない

この指摘を小池都政の「都民ファースト」という目線と対置して考えてください。「訓練された無能力」現象を垣間見ることができるでしょう。この先、①法規万能主義、②繁文縟礼《はんぶんじょくれい》、③不親切な対応、④セクショナリズム、⑤権威主義、⑥官尊民卑、といったような組織・風土を変えられるのでしょうか。自立改革と合わせ、都知事、都議会の政治主導の改革にも期待したいところです。公務員改革を、量的な改革にとどめることなく、質的な改革にまで踏み込んでこそ、真の公務員改革といえます。「やる気」を引き出せるか、小池改革の本丸はここです。

13年余り続いた石原都知事の時代は職員を育てるという視点が弱く、職員は使うものとの感覚が強かったように思われます。その後に続いた猪瀬、舛添都政もその延長線上にあり、都庁に〝政策に長けた人材〟が育つ風土は失われていきました。人材育成の「失われた20年」といっても過言ではありません。

小池都政でこれを変えられるかどうか、いかにして少数精鋭の体制で、発信力のある「真の官僚」を育てられるか、これが都庁官僚制の大きな改革課題です。市場移転問題で18名の局部長（ＯＢを含め）を懲戒処分にしましたが「必罰」だけだと組織は萎縮します。「信賞」が必要です。

都庁職員の位置づけ

都庁を大きく分けると、議事機関（都議会）と、執行機関（都知事および都知事以下の職員）によって構成されます。狭くは執行機関である都知事を支える膨大な職員集団は法律上、補助機関とされます。

補助機関は副知事など特別職を含む局長以下、一般職の膨大な職員機構からなっています。通常、「都庁に勤める職員」といった場合は補助機関の職員を指します。それは単なるルーチンワーカー（機械的執行者）や事務補助ではなく、政策の企画立案から実施までの実務を担い、都の行政専門家であるテクノクラート（官僚）であるといえます。

地方自治法で、補助機関は副知事、会計管理者、出納員、職員、専門委員を指すと定められています。補助機関の中には、知事を直接補佐し、助言を与える役職があります。

第1に、副知事です。政治的任用職で基本的に任期は4年。知事の側近として政策スタッフの役を担います。2007年度の法改正で、知事から権限の委譲を受けられるなど、知事の代理的な権限も持てるようになりました。

都の場合は定員が4名で、現在は全て内部から4名が起用されています。内部起用、外部起用にかかわらず、任命には議会の過半数の同意を必要とします。

第2に、教育長。都道府県、市区町村には教育委員会が置かれていますが、その教育委員会の事務局を統括するのが教育長です。教育委員会は首長から独立した執行機関で、教育委員は任期4年の特別職です。

教育長は教育委員の1人が兼務しますが、教育行政が自治体行政の大きな部分を占めることもあり、教育長は内部の職員経験者から起用されるケースが多いです。以前は、教育長の任命に際し文部大臣の承認が必要でした。しかし2000年以降は議会の同意だけでよくなっています。

第3に、その他の役職者です。長らく自治体三役として、知事、副知事と並び、会計事務をつかさどる出納長が特別職とされていました。しかしこれは2006年の法改正で廃止され、現在は一般職の「会計管理者」が置かれています。

都庁では、職員の職を職務の複雑さと責任の度合いにより、4階級に分けています。①理事、②参事、③副参事、④主事。①~③が管理職、④が非管理職です。

そのほか、知事の特別秘書や、非常勤ですが参与、顧問、専門委員、審議会委員といった職も用意されており、ブレーン的な役割を担っています。

都庁のしくみ

都庁の組織は、議事機関たる都議会は127人の議員からなり、また執行機関は都知事とその補助機関、行政委員会、監査委員からなります。

都知事は行政の総括責任者の立場から、都の本来の事務である自治事務と、国の法令で委託された法定受託事務を管理・執行する役割があります。

そして、補助機関としての職員機構が、知事の権限に属する事務を分担し、事実上その執行を担います。都庁全体の官僚機構は、政策企画局、総務局、財務局などの知事部局と、交通、水道、下水道局の公営企業、さらに教育委員会、選挙管理委員会などの行政委員会からなります。

実際、都の職員は17万人といっても、内容は様々で、割合としては学校職員が一番多く38%、警察職員が28%、消防職員が11%。いわゆる行政系職員は3万8000人ほどで、全体の4分の1弱を占めるに過ぎません。

東京都の組織（2016 年 12 月現在）

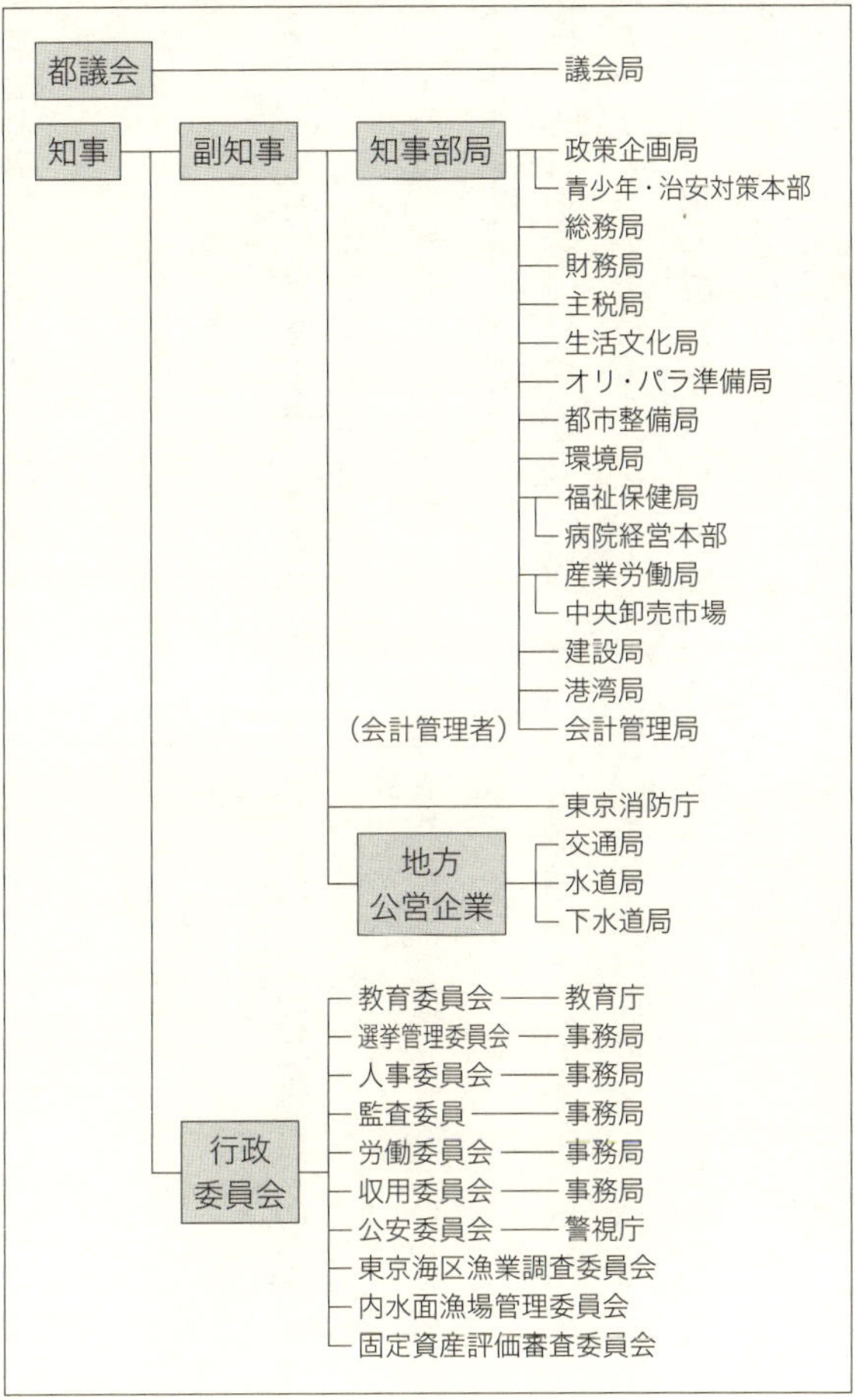

官房系局と事業系局の2つの組織

行政系職員が働く都庁の内部組織を見てみましょう。知事部局を例にとると、大きく2つの系列があります。

1つは、都庁の政策立案や計画、情報、人事、組織、財政を扱う官房系の局です。

もう1つは、都民に直接関わる文化やスポーツ、福祉環境、土木といった事務事業を扱う事業系の局です。

俗にいう官房系の局は政策企画局、総務局、財務局ですが、知事に最も近く、かつ官房系としての特徴を強く持っている組織が政策企画局です。都政の企画本部的な役割を担っています。石原都政時代は知事本局と呼んでいましたが、古くは企画調整局、その後、政策室、政策報道室、企画審議室など、時代とともに呼び名が移り変わってきました。筆者は企画審議室の頃そこに所属していました。

一方、都民に直接的な行政サービスを提供する事業系の局は、行政サービスの性質からさらに3つの系列に分かれます。

1つは、ハードな行政部門に属する系列で、都市基盤整備や住宅政策などを扱う都市整備局、土木や道路、港湾などを担う建設局、港湾局などがあります。

もう1つは、ソフトな行政部門に属する系列で、生活文化局やオリ・パラ準備局、環境政策を担う環境局のほか、福祉保健局、病院経営本部、産業労働局、移転問題で揺れる中央卸売市場などが含まれます。

このほか、知事から独立した管理者（局長）を置き、独立採算で交通、水道、下水道事業を営む地方公営企業があります。交通局、水道局、下水道局がそれに当たります。

これらの知事部局から独立した組織として、行政委員会および委員があります。知事への権限集中を防ぐために知事から独立して行政の一部を分担し執行する組織で、教育、選挙管理、人事、地方労働、収用、公安の各行政委員会と監査委員があります。

委員会ないし委員は複数の外部委員からなり、補佐する事務局がそれぞれに置かれています。さらに、本来なら市町村である基礎自治体が扱う消防救急事業を担当する部局として東京消防庁があります。

これら本庁の内部組織は、55ページの図に示された局と一級事業所に分かれており、さらに2級事業所、3級事業所など300余の出先機関があります。この出先機関が都民と接する都政の最前線です。このほか都行政を補完し代行する、いわゆる外郭団体（東京都監理団体と呼ぶ）が33、報告団体が51あります（2016年10月）。

外郭団体と天下り

もとより、ひとくちに外郭団体といっても、公団、公社、事業団、あるいは財団法人、社団法人、株式会社、有限会社、第3セクター、さらに人格なき社団など、その形態は様々です。

都庁が何らかの出資、補助、委託、会費などの形式で支出し、「財政支出団体」として指揮監督していた団体数はかって800を超えた時期もあるほどです。これらがすべて外郭団体というわけではありませんが、ざっくりいえば世にいう外郭団体に当たるでしょう。

現在、都の外郭団体のうち、都政と密接に関係した事業を行う監理団体が33社・団体があります。これが外郭団体の中心をなすものですが、監理団体とは都が出資し、財政面や人材面で継続的に支援する団体のうち、「全庁的に指導監督を行う必要があるもの」を指します。

一方で、運営状況の報告を求められる報告団体が51社・団体あります。これは、都が出資するものの、「自らの責任で自主的な経営を行う」団体を指します。例えば、その位置づけがいろいろ話題になった「五輪組織委員会」のように、都の出資割合や派遣職員が多くても、都の関与や指導・監督権限が小さい団体がこれに当たります。

行政の補完・代行という重要な役割を果たしていますが、役人出身者が主導する団体だけに効率が悪く、時間とともに存在意義が薄れているものもあります。存在意義の薄れたものを存続させておくのも問題ですが、もう1つ社会的に問題視されるのが幹部職員の天下り先になっている点です。

都の公表している「幹部職員の再就職状況について」によると、2010年8月から2015年7月末までの5年間に退職した課長級以上の職員849人のうち、監理団体に166人、報告団体に82人が再就職しています。

民間でもできる仕事を都が独占的にこうした団体に発注して、特命随意契約(特定の業者を指定して発注する契約方式)で仕事を頼むものが、都の監理団体だけで1163億円にも上り、そこへ天下るやり方は不透明だ、と批判されています。「先輩、後輩のつながりが退職後も続き、OBが都の意思決定に影響力を持つことになる」と問題視されています。

また大手の建築系企業にも過去5年間で計102人が再就職しています。特に五輪施設の建設などを受注する企業への天下りが目立ちます。そこに癒着がないかどうか、豊洲市場の主要施設の建設工事や、東京五輪のボート・カヌー会場の整備工事の入札で、予定価格に対する落札率が99％台に上った点などから問題視されています。この辺の問題を小池都政はどのような視点で捉え、整理するのかも改革の課題でしょう。

外郭団体の改革待ったなし

都は現況を把握していないとしていますが、例えば大阪市長当時の橋下徹氏は外郭団体への再就職を原則禁止にして、2011年には72団体あった外郭団体を2015年夏には27団体まで減らしました。

また、いまでこそ、かってのように外郭団体を数年で渡り歩くたびに1000万円、2000万円と法外な退職金をもらい歩く時代ではなくなっていますが、特にオリンピック景気に沸く公共事業系の受注会社に都の幹部OBが天下りし、受注情報などを元部下などを通じて得るというやり方が行われているとすれば、役所と会社の癒着構造や汚職を生む温床となる可能性があります。都政の「見える化」を図るなら、小池都政にはこの辺りにもメスを入れる必要があるでしょう。

第3章

「都知事の権力」とは

都知事の給与が半減された

小池都知事が自ら「身を切る改革」として給与を半分（約1450万円）に減らしました。都知事の給与に関する特例条例として1年間の措置とされますが、この先、毎年、条例を改正すれば、4年間、半減することも可能でしょう。

こうした〝世論受け〟をねらったやり方に批判がないわけではありませんが、同じ公選の都議の報酬が約1700万円と、報酬額が逆転していることについて、世論は「都議は高すぎる」という目を向けています。都議会はそうした世論にどう答えるのでしょうか。

もっとも、同じ公選といっても、両者を同列に論ずるのは正しくなく、知事の身分は常勤の特別職地方公務員です。公選のため地方公務員法の適用はありませんが、同じ公選の非常勤特別職である都議会議員とは区別され、報酬ではなく給与が払われています。

都知事には生活給を含む「給与」として、もともと年間約2900万円の給与が支払われています。これ自体、全国の知事で一番高いのですが、それを自らの公約に沿って半減したからといって、直ちに都議の議員報酬に跳ね返るわけではありません。その点は、分けて考えるべきでしょう。

ただ、責任の重さ、労働の密度などを勘案すると、知事と議員の待遇が逆転しているのは腑に落ちないという人も多いでしょう。議員だけでなく、都庁の場合は副知事、教育長、主要な局長クラスまでが、都知事の1450万円という額を上回ります。

知事給与を減額する動きは、財政再建で住民に新たな負担をお願いする際とか、災害や不祥事が起こった際の「けじめ」として行われることが多いのですが、今回の小池都知事のねらいはどこにあるのか、もう一つわかりかねます。パフォーマンスとしか思えないのですが。何が身を切る改革なのでしょうか。大阪維新の会が売りにする「身を切る改革」という使い方を移入したに過ぎないのでしょうか。

諸外国でこの種の給与半減などを売りに選挙をする国は見受けられません。しっかり仕事をするなら、それにふさわしい報酬を受けるべきという理由からです。小池氏個人の思惑だとしても、影響は都庁の組織全体に及びます。

とはいえ、一般都民の給与が増えない社会にあって、政治家天国ともいわれかねない特権的な待遇水準にあるのだとすれば、改めて都議会議員についても見直す機会になってもよいでしょう。

都知事は首都知事？

都知事は首都の知事であるとする見方があります。石原都政では、都庁の新規職員の募集に際し「首都公務員」という表現を使っていました。この見方によれば、都知事を他の46道府県知事とは別格の「首都知事」であるという考え方も成り立ちます。

ですが、自治体の規模や置かれているポジションの違いといった実態はともかく、日本の場合、法的には都知事も他の道府県知事も同列です。

実は、日本の法律には「首都」の規定がありません。首都は一般に「その国の中央政府のある都市」を指し、国の立法、司法、行政の主要機関が置かれている都市を意味するので、その意味では確かに東京は首都です。しかし一方で、皇居の所在地を首都とする見方もあります。いずれにせよ、法律上は「首都」は明確にされていません。

20年近く前に首都移転が話題となり、移転を促進する法律ができましたが、その法律名は首都移転法ではなく首都機能移転法でした。「首都」という断定的な表現を微妙に避けています。幸いなことに、今のところ国会、内閣、最高裁、各省庁といった主要機関と皇居が同一の東京都千代田区に置かれているため、首都をめぐる論争は起きていません。

とはいえ、首都は基礎自治体である「市」を指すケースが一般的です。その点、戦前の東京市は間違いなく首都でした。しかし戦時体制の1943年、二重行政の解消による戦費捻出などをねらいに東京府と東京市を合体させ「都制」が生まれて以後、日本には首都に当たる「市」がありません。そして戦後、府県機能を有する「東京都」を首都と見なすようになりました。事実、都庁は英語で「Tokyo Metropolitan Government」と表記されます。これらにより、都知事は日本の首都を代表する知事、すなわち首都知事であるという見方が生まれたのです。

2020年の東京五輪は本来「市」(開催都市)が主体となって開催するのが国際社会の常識ですが、東京市がない日本は二度目のオリンピックも「都」が行う形になっています。ある意味でこれ自体が変則的といえましょう。

他県知事との違い

都知事は他道府県の知事と異なり、「都」という制度の特殊性によって、知事と市長という二重の性格を持っています。

上下水道、交通、消防、港湾などは市の仕事ですが、東京府と東京市を合体した際、広域的な仕事は都が行うべきだとし、23特別区には与えませんでした。そこから現在まで、都は府県であり、市であるという、2つの性格を併せ持つ特殊な自治体なのです。

この特殊性が行政や財政の規模を大きくしています。都政が巨大だというのは、人口規模もさることながら、市の仕事も抱えている点が大きいのです。もし、公営企業等の基礎自治体ないし民間に移管するなら、都庁行政系の職員は公営企業分の1万3000人ほどカットされ、スリムになります。極論すれば都知事は東京の府知事であり東京市長であるがゆえに、他の知事より権力が強いとみえるのです。

1300万人という一般の県の7〜8倍近い人口規模と14兆円という財政規模、そして知事権限と市長権限の一部を併せ持つ都知事は、日本の中心をなす首都東京の知事であることからも大きな影響力を持っています。

首相より強い権力

戦後の都知事は小池百合子氏で9人目です。平均3期・12年の任期が相場でしたが、最近は短命都政が続いており、猪瀬直樹氏以降、在職中の特筆すべき業績を書きにくい状況にあります。戦後知事の仕事ぶりをざっと整理すると、71ページの表のようになります。

都知事は首相よりも強い権力を有しているといわれることがあり、メディアでもそのように報道されるケースが多いと思います。それは権限の大きさによるものでしょうか、それとも東京という街の規模が大きいからなのでしょうか。

首相と比較して都知事の方が強い権力を持つと考えられる理由として、次の点があげられます。

戦後都知事の軌跡

在任期	知事と主な施策	在職日数
3期	**安井誠一郎** (1947年5月3日～1959年4月18日) ●戦後復興に尽力　●区長公選廃止	4369日
2期	**東龍太郎** (1959年4月27日～1967年4月22日) ●東京五輪の成功　●都営地下鉄開通	2918日
3期	**美濃部亮吉** (1967年4月23日～1979年4月22日) ●老人医療費無料化　●公害防止協定 ●広場と青空の東京構想　●ごみ戦争 ●起債訴訟　●公営ギャンブル禁止	4383日
4期	**鈴木俊一** (1979年4月23日～1995年4月22日) ●財政再建　●都庁舎新宿移転 ●マイタウン構想　●東京国際フォーラム建設 ●臨海副都心開発	5844日
1期	**青島幸男** (1995年4月23日～1999年4月22日) ●世界都市博覧会中止　●リサイクル都市構想	1461日
3期 + 1年半	**石原慎太郎** (1999年4月23日～2012年10月31日) ●ディーゼル車排ガス規制　●新銀行東京設立 ●認証保育所制度創設　●東京マラソン開催 ●尖閣諸島購入計画　●新公会計制度	4941日
1年	**猪瀬直樹** (2012年12月18日～2013年12月24日) ●2020年東京五輪の招致実現	372日
2年 4カ月	**舛添要一** (2014年2月11日～2016年6月21日) ●五輪施設の経費削減　●「東京防災」ブック配布 ●新銀行東京の後処理	861日
5カ月	**小池百合子** (2016年8月2日～現在) ●五輪施設の経費削減　●豊洲市場移転の延期	――

出典:佐々木信夫『都知事』(中央公論社、2011年)を元に作成。一部追加

①首相は限られた数の国会議員によって選ばれるが、都知事は約1100万の有権者によって直接選ばれる
②都の予算規模はスウェーデンなどの国家並みの14兆円であり、職員数も17万人と飛び抜けて多いため、そのトップに立つ都知事は裁量の余地も大きい
③都知事は身分が安定しており4年間全力投球できるが、議院内閣制の首相は解散などもあり実質的に任期が不安定である
④閣僚の全員一致を原則とする合議制内閣の首相より、1人で意思決定できる独任制の都知事の方が強いリーダーシップを発揮できる

もとより都知事は前述のように、他道府県知事が有していない特別な権限をそう多く持っているわけではありません。都知事が国の大臣を兼ねているわけでもない。都の財政規模や職員数が飛び抜けて大きいのは単に東京都の人口が多く、都市の仕事も抱えているからです。ましてパリ市長とフランス大統領のように、都

知事から次期首相が誕生するといった政治的関係もありません。事実、戦後に都知事から日本の首相になった人はいないのです。

〝見えざる権力〟の存在感

にもかかわらず、都知事は強大な権力者だといわれます。それはなぜでしょうか。筆者は、都知事というポストが持つ実際の権力よりも、影響力としての〝見えざる権力〟が都知事をより大きく見せていると理解しています。

まず、国際社会において東京が有する影響力です。金融市場はニューヨーク、ロンドン、パリ、東京の動きが大きく影響します。

次に、日本国内における東京の存在感の大きさです。首都である東京には、政治、行政、経済、情報、文化の高次中枢機能が一極集中しています。東京の情報発信力は強く、主要テレビのキー局はすべて東京にあります。全国紙や出版社の本社機能もほとんどが東京にあり、地方の特産物でさえ、現地で売るより東京を経由した方がよく売れるといわれます。

都民の市場として長く親しまれてきた築地市場は、水産物業界で「築地ブランド」として全国に知れ渡るようになり、現在では世界にも知れ渡っているのはご存じのとおりでしょう。だからこの移転の問題が大きく報じられているのです。

都知事の権限

それでは、東京都という巨大自治体のトップとして、都知事は内部的にどんな権力を持っているのでしょうか。日本の自治制度は基本的に全国一律なので、都知事に特別な権力を与えているわけではないことはお話ししたとおりですが、都という制度の特殊性など他道府県との違いも確かにあります。

まず、都知事は都政の総指揮官の立場にあります。都民の直接選挙で選ばれ、都庁を統括・代表し、特別会計を含め14兆円の財政規模を持つ東京都の顔です。

また執行機関としての都知事は、政策立案、政策執行のほか、予算案・条例案の作成、地方税の賦課徴収なども行います。首相は内閣を代表していますが、予算執行や個別の政策決定に関わる主務大臣ではありません。一方、都知事は東京都の行政執行のあらゆる分野に個別に関わる権限を持っています。東京都の公文書は基本的に都知事のサインを必要とし、都知事の名前で出されます。

そのほか、副知事や教育長など特別職の任命、局長以下一般職員の人事、教育委員や公安委員などの任免および指揮監督の権限を持ちます。警察、消防、学校職員を含む職員数は約17万人で、この任免権は都知事にあります。自衛官を擁し25万人の規模を持つ防衛省を除くと、どの省庁、どの自治体と比べても、都知事の人事面での影響力は大きいといえます。

ただし人事権については、一般職の公務員は公務員試験での採用であり、昇進も一定のルールによりますから、人事上の裁量権はそう大きいとはいえません。

都知事には、特別職の副知事4、教育長1、特別秘書2、それに若干名の顧問、参与、専門委員という非常勤職員を任用する程度の権限しかありません。しかも、副知事や教育長は都議会の同意を要する人事であり、思い通りに決められるわけでもないのです。過去には副知事人事で議会の同意を得られないことが何度もありました。

また都知事は、東京都警察本部ともいえる警視庁の人事にも直接的な影響力を持っていません。

都知事は日本最大の警視庁を配下に置きながら、警視総監はもとより各部長など警視正以上の身分のある幹部人事権はなく、国の警察庁にあります。というのも警視庁幹部は国家公務員という身分で警察庁長官の指揮下に入るからです。

一般警察官は地方公務員ですが、都知事はその人事権も事実上有しておらず、警察官の定数も都条例ではなく国の政令で定められています。警察の予算も、事実上、国が差配しているので、都知事は警視庁の警察権全体を掌握する立場にはありません。自衛隊についても、災害救援など治安出動の要請権しか持っていないのが実情です。

とはいえ、巨大組織である都庁の経営に関わる権限は、基本的に都知事の手にあります。その巨大さと首都としての地位が、都知事を日本の首相に次ぐナンバーツーの権力者という見方を導き出していると見て間違いありません。

都知事の待遇

小池氏は現在、都知事の給与を半額にしていますが（年収で1450万円）、本来なら、都知事には月給145万5000円、それにボーナス（3・35カ月）、地域手当などを加え、年間2896万円が支給されます。これまで日本一だったのですが、小池氏が半減した結果、全国で一番低い給与となっています。

小池氏本人はこの措置は「身を切る覚悟」を示すためとし、後任の知事に影響を与えるものではないとしています。ちなみに同じく公選職の都議会議員は、月額102万2000円とボーナスで計約1660万円（2013年現在）ですから、現時点では都知事より高くなっています。都議にはこれに加えて政務活動費として年間720万円が支給されています。

とはいえ、都知事にはほかにも収入があります。退職金です。都知事には1任期ごとに退職金が支払われるのです。舛添氏が在任期間2年4カ月での退職金が約2200万円も支給されたと話題になりましたが、かつて知事の退職金の計算は1カ月の給与に在職月数（48カ月）を掛けて計算する慣わしがありました。しかし世論から「高額だ」との批判を浴び、現在は約半分に減額しています。それでも都知事で1期終了ごとに4100万円（推定）の退職金が払われます。

ちなみに、舛添氏の退職金約2200万円ですが、これは都条例に基づき、退職した時点の給料月額145万6000円に、在職月数2年5カ月分（1カ月未満の日数を1カ月分に換算）をかけた金額の52%という計算からです。

少しこだわるようですが、舛添氏には退職金以外にも、2016年度分の給与約850万円が支給されました（内訳は3カ月分の給料と、6月末に支給されるボーナス約380万円など）。舛添氏が知事就任以降に受け取った給与総額は、計約6800万円となります。

小池氏は退職金減額には触れていませんが、県議出身の宮城県の村井嘉浩知事のように、公約どおり条例改正をし、退職金をゼロにしているところもあります。

都知事選の特徴

都知事選はこれまで20回行われています。それを表したのが次ページの表です。経緯の説明は省きますが、都知事選の特徴を多少みておきましょう。

①都知事選は通常、数名の有力候補と泡沫とも思われる方も含め10数名の候補者によって争われる

都知事選挙の推移

回	投票年月日	当選者（票数）		次点（票数）		投票率
1	1947年4月5日	安井誠一郎	705,040	田川大吉郎	615,622	61.70%
2	1951年4月30日	安井誠一郎	1,433,246	加藤勘十	811,616	65.20%
3	1955年4月23日	安井誠一郎	1,309,481	有田八郎	1,191,608	59.63%
4	1959年4月23日	東龍太郎	1,821,346	有田八郎	1,652,189	70.12%
5	1963年4月17日	東龍太郎	2,298,616	坂本勝	1,634,634	67.74%
6	1967年4月15日	美濃部亮吉	2,200,389	松下正寿	2,063,752	67.49%
7	1971年4月11日	美濃部亮吉	3,615,299	秦野章	1,935,694	72.36%
8	1975年4月13日	美濃部亮吉	2,688,566	石原慎太郎	2,336,359	67.29%
9	1979年4月8日	鈴木俊一	1,900,210	太田薫	1,541,594	55.16%
10	1983年4月10日	鈴木俊一	2,355,348	松岡英夫	1,482,169	47.96%
11	1987年4月12日	鈴木俊一	2,128,476	和田静夫	749,659	43.19%
12	1991年4月7日	鈴木俊一	2,292,846	磯村尚徳	1,437,233	51.56%
13	1995年4月9日	青島幸男	1,700,993	石原信雄	1,235,498	50.67%
14	1999年4月11日	石原慎太郎	1,664,558	鳩山邦夫	851,130	57.87%
15	2003年4月13日	石原慎太郎	3,087,190	樋口恵子	817,146	44.94%
16	2007年4月8日	石原慎太郎	2,811,486	浅野史郎	1,693,323	54.35%
17	2011年4月10日	石原慎太郎	2,615,120	東国原英夫	1,690,669	57.80%
18	2012年12月16日	猪瀬直樹	4,338,936	宇都宮健児	968,960	62.60%
19	2014年2月9日	舛添要一	2,112,979	宇都宮健児	982,594	46.14%
20	2016年7月31日	小池百合子	2,912,628	増田寛也	1,793,453	59.73%

出典：佐々木信夫『都知事』（中央公論社、2011年）を元に作成。一部追加

②都知事が交代すると、次は全く異なるタイプの人物が選ばれる
③都知事はみな2期目（再選時）の選挙で最大得票を得ている
④就任年齢が高く、60代半ばがほとんど。最終就任年齢は70歳を超える
⑤民間から企業の経営者などが選ばれた例はない
⑥他府県の知事経験者が都知事に選ばれたこともない
⑦現職の都知事が再選に立候補して敗れたことはない。都知事の交代は現職が退陣したときのみ

都知事選には以上のような特徴があるのですが、誰が都知事になったとしても、国政には大きな影響を与えます。都知事には、①都民を代表する政治家としての顔、②巨大な予算・職員機構を率いる経営者としての顔、③首都東京を代表する外交官としての顔、という3つの顔があります。この3つの役割（顔）をバランスよく果たせる資質の持ち主であることが、都知事の条件です。

副知事とはどんな人？

都庁には4人の副知事がいて、知事を補佐しています。任期は原則として4年です。他道府県の副知事は2人制が多く、通常、1人は内部からの生え抜き、もう1人は国からの出向者です。しかし東京都の場合は、出向者が副知事になった例はなく、ほとんどが内部の局長から昇格する慣例になっています。

大ざっぱな傾向としては、定年（60歳）間際の一般職の局長から選ばれるケースが多いです。副知事に就くと一般職は退職し、任期制の特別職の身分に変わります。ただし、時の知事の考え方によって、例えば石原都政での浜渦武生氏、猪瀬直樹氏のように外部（民間）から起用されることもあります。とはいえ都には国からの出向人事を事実上認めない純血培養と呼べるような伝統があり、副知事はやはり内部からの昇格が圧倒的に多くなっています。

都の副知事とはどんな地位なのでしょうか。前述したように、地方自治体では首長以外のすべての職員は地方自治法上「補助機関」とされており、都の副知事も補助機関に当たります。とはいえ都庁の規模は巨大ですから、副知事はその壮大な補助機関の頂点に位置しているといえます。

副知事は20を超える局を、担当部門ごとに4ないし5局ずつ分担管理し、「大局長制」のような役割を持っています。また、知事の職務代理者でもあり、都庁では4人の副知事をＶ１、Ｖ２（Ｖは Vice Governor ＝副知事を表す）……と呼ぶ慣わしがあります。これは職務代理者の順番を示すもので必ずしも上下の序列や副知事の実力、庁内影響力などを表すものではありませんが、通常は、Ｖ１が知事の持つ人事権を補佐するため、庁内的には実力者といわれます。

ちなみに、都の副知事の給料は、知事と25万円程度の差しかなく月額１２０万９０００円で日本一といわれます。

事務次官と副知事の違い

都の副知事は「副」という点で中央省庁の事務次官と似ていますが、事務次官は1人で、省庁の官僚人事を一手に握ることでその省庁官僚のトップに立ちます。通常は1年交代が多く、形式上はともかく実質上、各大臣には事務次官の人事権がなく、省庁官僚の年次序列で決まることが多いのも特徴です。

事務次官は、大臣を補佐するという意味では「副」ですが、所属の省庁官僚制のトップとして省益を守るように行動することが多いです。それに対して、都の副知事は1人ではありませんし、必ずしも事務次官的な役割がある訳でもないので同列で捉えることはできません。副知事の任期は4年とされ、知事の任期と原則的に連動しているため、知事とは運命共同体という色彩が濃い。従って、その人選は知事の一存で決まります（ただし都議会の同意が必要です）。

現在の小池都政での4人は、舛添氏が辞任する間際に決めた体制ですが、そのキャリアは前財務局長、前政策企画局長、前総務局長、前産業労働局長であり、概ね伝統的な昇格人事を踏襲した布陣といえるでしょう。

ちなみにその顔ぶれは、安藤立美（64、明大法）、川澄俊文（61、早大法）、中西充（60、早大法）、山本隆（57、一橋大法）の各氏でいずれも生え抜きです。

ただ1つ異例なのは、舛添氏が都知事を辞任した2016年6月21日に4人の副知事を任命したという点です。6月議会の同意を得るという技術的な点、知事が欠けた場合の法定代理人（職務代理者）を置かなければならないという事情を加味してみても、小池新知事は、もっとも直属の部下である副知事の布陣を、そのまま使い続けるのでしょうか。どこかの時点で差し替えるのでしょうか。

副知事の性格づけですが、そもそも副知事は知事のブレーンなのでしょうか、それとも事務次官的な官僚制の統括職なのでしょうか。都庁の副知事は内部起用が多いと説明しましたが、最初からそうであったわけではなく、戦後の初代都知事である安井誠一郎氏の都政1期目の前半は副知事3人とも外部から起用しています。それもブレーン役を期待し、元貴族院議員の大木操氏、会社役員の住田正一氏、東大教授の山田文雄氏と「政」「財」「学」からの登用でした。

1964年の東京オリンピックの前後8年間続きオリンピック都政ともいわれた東龍太郎知事時代は、内閣官房副長官であった鈴木俊一氏を筆頭副知事に迎え、都政の行政上の実権を2期8年にわたり委ねています。

都政は行政にアマチュアの東都知事より、プロを自任する筆頭副知事の鈴木氏の手中にあり、東都政は「主演・東、演出・鈴木」とも評されたものです。このとき、鈴木氏は8年間続投していますが、そのほかは内部から4人の副知事が選任されました。いずれも生え抜き職員で、事務的な役割を果たすにとどまりました。

いま小池都政は、オリンピックの準備と都民生活に関わる本来の都政遂行という2つの領域の違う問題を、同時並行で解決していかなければなりません。小池氏の忙しさからすると、事実上知事は2人、分担管理により当時の都政を成功に導いた東都政の副知事人事に学ぶことが多いように思うのですが、いかがでしょうか。

知事特別秘書とは

副知事以外に特別秘書や、政策ブレーンとしての顧問、参与、専門委員（いずれも非常勤）といったポストも、外部から人材を迎えられるポストです。

特別秘書には特別職公務員の地位が与えられます。一般職員の秘書と異なり、知事の個人的関係から任用され、政治的補佐、政務情報の収集などに当たります。都庁職員から任命される秘書を事務担当秘書とするなら、特別秘書は政務担当秘書と呼んでもよいでしょう。各国会議員につく政策秘書や公設秘書と似ています。

小池都政では、特別秘書に元都議の野田数《かずさ》氏（42）、元読売新聞記者の宮地美陽子氏（39）の2人を任用しています。待遇は局長並みともいわれますが、議会同意人事でもない関係からか、はっきりした給与等は公開されていません。時に知事の懐刀として副知事以上の働きをする政務担当の特別秘書が存在することもあります。その働きぶりについては拙著『都知事』（中公新書）25～26ページをご参照ください。

第4章

都庁の人事制度の功罪

採用時の国と地方の違い

都庁公務員約17万人のうち、特に行政系の公務員はどのようにして採用され、昇進しているのでしょうか。

国家公務員と対比すると、これまで国は幹部候補者をキャリアと呼び、ノンキャリアと呼ばれる多くの職員と区別してきました。数年前から総合職という区分に変わっていますが、採用時に国家Ⅰ種試験（旧上級甲）で選別し（いわゆるキャリアの入り口採用方式）、本省採用で早期に管理職に登用することで幹部を養成してきたのです。

これに対し一般の自治体は、幹部候補者の区分を特定することなく採用し、職務経験を積ませて年功主義によって管理職登用を行っています（いわゆる幹部の年功昇任方式）。

いずれの方式にも長所と短所があります。国のキャリア制度は優秀な人材を早期に確保し実力を発揮させる制度として伝統がありますが、対象となるのは入り口で選別された一握りの公務員に過ぎません。国家Ⅱ、Ⅲ種試験（現在は一般職、専門職）で採用された者は、本省内で管理職に就く道はほぼありません。

一方、自治体の年功主義は、経験を積んだ者から係長、課長補佐、課長、部長ないし所長へ昇進できる可能性が高く、組織内の平和を保つ点で優れています。しかし職員が競い合う、切磋琢磨する機会が少なく、能力主義、実力主義の点ではむしろマイナスに作用しているとも見えます。

では、キャリア制度でも年功主義制度でもない「第3の道」はないのでしょうか。この第3の道を選択しているのが、「脱学歴・脱学閥」の伝統を持つ都庁の管理職選抜・養成のしくみです。

都庁の管理職試験

都庁の管理職試験制度は1958年に始まりました。既に半世紀を超える歴史があります。現在は、若手職員から早期選抜するAコースと、一定の職務実績を持つ中堅から選抜するBコースがあります（以前はベテランから選抜するCコースもありました）。中でもAコースの試験は、司法試験と並ぶ超難関といわれてきました。

都庁には「学歴ではなく、学力で」という「脱学歴」の伝統があります。また、特定大学の出身者を優遇する学閥もありません（「脱学閥」）。この伝統は新規の採用から管理職登用、局長の昇任までの人事に一貫して見ることができます。

都庁で脱学歴・脱学閥の伝統が生まれる背景となっているのは、次の2つの点です。

①国のキャリア制度のような職員の入り口選抜による身分制度がない

②採用後の管理職昇進は学歴や採用区分に関係なく、必要年限を満たした者を管理職試験で選抜する

つまり、能力と実績さえあれば誰でも管理職になれるのが、都庁の人事政策の特徴であり伝統です。

他の道府県と異なり、都は組織に局制を採用していますが、人事のルートもそれに従いできあがっています。

都の執行機関は、局長—部長—課長—係長等のライン組織を基本とし、これに参事、副参事といったスタッフ職をつけています。これは本庁の話ですが、出先機関では所長(部長)—課長—係長を基本とし、研究機関などは専門職の職員を置いています。実際の職層は細かく分かれ、局長、局次長、部長、参事、課長、副参事(課長級)、課長代理、係長、主査、担当係長、次席(係長)、主任、一般職員の13に細分化されています。副参事以上が管理職の扱いです。

大卒を採る場合、国は先述したように最初から国家Ⅰ種合格者を幹部候補生と

見なして採用しますが、都庁ではその見なしはなく、大卒試験で一括採用します。採用試験は事務、技術とも大学院卒等のⅠ類A、大卒程度のⅠ類B、短大卒程度のⅡ類、高卒程度のⅢ類と、社会人経験を5年以上持つ者の経験者採用に区分されています。

採用後、各局の本庁か出先機関に配置され、数年ごとに本庁、出先、他局異動を繰り返しながら職務経験を積んでいきます。

入庁後、Ⅰ類採用では5年～7年で主任(短期)試験がやってきます。主任試験は短期・長期在職者向けの2種類ですが、短期試験は将来の係長群を確保する予備試験に近く、合格者の平均年齢は約30歳です。試験合格後は、他局に異動し昇任します。一方、長期試験はベテラン職員の処遇の性格が強く、合格者の平均年齢は45歳前後です。主任に昇任後、職務経験を重ねながら係長、課長補佐へと昇進していきます。

ただし、課長以上の管理職をめざすには自ら受験を申し込んで、年一度行われ

東京都局長クラス（出身校）

（単位：人）

	1990年（鈴木都政）	1996年（青島都政）	2002年（石原都政）	2008年（石原都政）	2010年（石原都政）	2016年（小池都政）
事務系	①東大14 ②中大8 ③早大5 ④都立大4 ⑤明大3	①中大19 ②早大6 ③都立大5 ④東大2 ④東教大2	①明大7 ②早大6 ③東大5 ③中大5 ⑤都立大3	①中大12 ②早大7 ③東大5 ④明大4 ⑤一橋大3	①東大7 ①早大7 ①中大7 ②一橋大4 ③慶大1	①早大13 ②中大8 ③東大6 ③慶大6 ⑤一橋大6
技術系	①東大6 ②日大2 ③京大1 ③早大1 ③北大1	①日大5 ②北大2 ③東大1 ③早大1 ③武工大1	①東大3 ②京大1 ②早大1 ②都立大1 ②日大1	①東大3 ②中大2 ②日大2 ④京大1 ④北大1	①早大2 ①北大2 ③東大1 ③都立大1 ③東理大1	①早大3 ①東大3 ③千葉大2 ④北大1 ④神戸大1

著者調べ（2016.11）

る管理職試験を受けなければなりません。

管理職試験には主任3年目以降受験できる若手選抜のAと、係長か課長補佐から受けるBがあります。Aは特に難関で、受かると局長級へ昇進する可能性がグッと高くなります。

Aコースは20代後半から30代初めの主任歴3年以上が受験資格者で、試験は筆記考査と勤務評定、口頭試問などです。事務、技術あわせて毎年、32、33人の合格者が出ます。平均年齢30歳前後で合格率は5、6％程度。女性合格者も多く、その後、係長、課長補佐を経験し30代半ばで課長に昇進します。さらに部長へ、そして4人に1人ぐらいが局長クラスまで昇進しています。

現在のAの合格状況を見ると女性も多く、近い将来に3分の1から半数近くが女性局長となる時代が来るかもしれません。公表されていませんが筆者の調べで事務系、技術系の大学出身校別の局長級上位5校をそれぞれ前のページの表にまとめました。局長クラス50人余の出身校は実に15大学にも及んでおり、ここにも脱学歴・脱学閥の伝統が見てとれます。

都庁の管理職選抜制度と早期育成のしくみは、国のキャリア制度の見直しだけでなく、年功制を軸としてきたほかの自治体の昇進制度の改革においても大いに参考にできるのではないでしょうか。

ただ、いまの社会というか組織風土から職員の多くが出世を望み、管理職ポストに就くことを希望しているかといえば、必ずしもそうとはいえません。特に最近は、管理職を志望しない職員が増えています。

都庁の場合、他の道府県のように上司の推薦で管理職に就くのではなく、本人が管理職試験を受けようとしない限り管理職になることはありません。実際、Aコース、Bコースとも受験資格者の20％程度しか管理職試験を受験していないそうです。この程度の低い受験率では、本当に管理職にふさわしい適材が選ばれているかどうか疑問になります。受験を希望しない8割の中にも管理職にふさわしい人材がたくさんいるのではないでしょうか。本人の申告制というしくみが、適材を登用する際のネックになっている可能性も捨てきれません。

また、実際にこの試験が管理職に求められる能力を検証できているかどうかもわかりません。いま都庁幹部に求められる能力は政策能力、経営能力や国際感覚でしょう。しかし改善を加えているとはいえ、現行制度は、将来の幹部候補を選ぶ若手選抜の試験ほどペーパー試験への依存度が高いのが実情です。

確かに地方自治制度や税財政、経営、政策に関する知識は大事です。ですが、それ以上に必要なのは知恵を出す力、思考力、独創力ではないでしょうか。超難関の試験ゆえ、若手世代ほど日々の職務より受験勉強を重視する生活になりがちで、30代から40代の働き盛りの時期を受験に追われ、エネルギーをそがれてしまうのではもったいない。これで都庁は本当によい仕事ができるのでしょうか。

加えるなら、身内だけの選抜方式でよいかどうかも疑問です。昔から都庁は純血培養のモンロー主義を伝統としており、生え抜き職員が生え抜き職員を選んでいくしくみの中で都庁官僚制が成り立っているのです。小池都知事が問題視している都庁官僚の「事なかれ主義」も、極端な都庁純血主義と深く関わっているのではないでしょうか。仲間が仲間を選ぶ、それが仲間が仲間をかばう組織風土を生み出しているのではないか。

都知事には人事制度を変える権限があります。その権限を使い、国や他自治体の職員、民間会社の勤務経験者なども管理職試験を受け登用できるようにすれば、人材の多様性、社会性は急速に高まり、首都の自治体にふさわしい優秀な管理職を選べるのではないでしょうか。人事の「開かれた都政」への改革です。

マンモス都庁——縦割りの弊害

小池都政になって、中央卸売市場の豊洲移転をめぐる過程で「建物の下に盛り土をしない決定を誰がしたか」が大きな問題になり、小池氏自身、真相を明らかにしようとしない都庁を見て「無責任都政」と喝破しました。責任者の18人の懲戒処分も行いました。

筆者からすると、無責任という見方より、「無関心」都政の組織風土が蔓延しているように見えます。極端なタコつぼで自分の課、広げても部の仕事にしか関心がないのです。局全体、いわんや全局的な動きなどには関心がありません。

かつては「週刊とちょう」という庁内紙が毎週全職員に配られていたので、1週間遅れとはいえ都庁の出来事や動きを全職員が知っていました。また毎週月曜日の朝、知事が直接マイクから「庁内放送」をしていました。その内容には本庁だけでなく出先機関の職員も耳を傾けていました。また、その原稿は翌週の「週刊とちょう」に掲載されていました。情報の共有が行われ一体感があったのです。

いまは情報網が発達したことを理由にそうしたことも行われていないようです。しかし、それぞれに任せている結果、巨大なマンモスのような都庁の活動全体を把握している人は誰もいなくなってしまったのではないでしょうか。

これは建物の構造とも深く関わっていると見られます。40階を超える超高層の新宿都庁で職員の活動を見ていると、タテのエレベーターでの動きは活発ですが、組織をヨコにつなぐ動きは鈍いように見えます。同一局のフロアが2階ないし3階に分かれていると、同一局の職員かどうかも互いにわからないことが多い。まして所属する局が違うとそれが壁となり、コミュニケーション自体が途切れがちとなります。縦割り行政の弊害は建物の構造からも生まれるのです。

これが網の目のように張り巡らされた都政の8割近くの仕事を担う出先機関の活動となると、本庁の担当局でしかその動きを知らないことが多くなります。例えば、中央卸売市場の市場長ほか主要部長の所属する中枢部門は全て新宿都庁に置かれ、新市場整備部という移転担当部署のみが離れた築地市場内に置かれてきたようです。この物理的な距離の遠さも豊洲問題を引き起こした1つの原因ではないでしょうか。

マンモス組織は職務を細分化して成り立ちますが、それをしっかりと統合できなければバラバラの活動になってしまいます。実はマンモス都庁の全貌を把握している人は1人もいない。だとすれば、こうしたマンモス都庁は事業部制に変えるなど、解体をしないと動きはよくならないように筆者は思います。

事業官庁でしかなかった都庁

以前、鈴木俊一氏が都知事のとき、都政の全貌を把握できるのは毎年1月の2週間近い「予算原案に対する知事査定のときだ」と言っていたことを思い出します。都知事にとっても都政の活動全体を把握できるのは予算査定のときに限られるようです。それは石原慎太郎氏にとっても同じではなかったのではないでしょうか。今度の小池都知事も都政を理解する最大の学習機会は予算編成と予算査定のときのはずです。そこを（役人任せに）おろそかにすると都政は見えません。

そうしたマンモス組織では、構成員に目標の明示と共有化を図ることが極めて大事となります。これは組織ガバナンス（かじ取り）の問題ですが、常にトップは都政が抱える基本的課題について問いかけ、その解決方向を多くの職員らに求める必要があります。ですが、これまでの都庁は大都市の経営を任されながら、骨格となる政策を構想する政策開発よりも、細分化された日常のルーチンワークを処理することに忙殺されてきたのではないか。首都の地方政府として政策官庁の役割を期待されながら、事業官庁の役割に徹した感が強いということです。確かに、これまでの中央集権体制に組み込まれた自治体は、多かれ少なかれそうした性格を持っていますが、それと都政を同列に論ずるわけにはいきません。

都政は都市国家としての日本を代表し、国内外にリーダー自治体としての役割を期待されているのです。東京は「都市問題のデパート」と長くいわれてきました。この汚名を返上し、国際社会に誇れる大都市に変えていくにはどうすべきか。自治体が中心をなす分権国家が国のかたちとなる次代は、都政自らが多様な政策開発に挑み、政策官庁として全国をリードしていかなければなりません。

都政改革のポイント

マンモスは大きいがゆえに倒れたという話がありますが、組織はその大きさが力ともなりますが、一方、その大きさが足元をすくう場合もあります。

都庁は、石原都政になって「首都公務員」というキャッチフレーズを、しきりに使っていました。これは他道府県や市町村の公務員とは違うという政策メッセージを込めた表現なのでしょうが、実際に首都行政はどの程度行われており、どんな特殊性を持っているのでしょうか。突き詰めて考えたことがあるのでしょうか。

東京には皇居や中央省庁があるので首都警察など特殊な財政需要（首都需要）が存在するという説明はありますが、それ以上の話は聞きません。仮に首都公務員という表現を売りに優秀な人材を集めるなら、人材集めに成功したとしても、その人材を生かせなければ意味がありません。都知事の「かけ声」だけで内実が伴わないのでは、看板に偽りありです。果たして、それから15年、首都公務員は育ったのでしょうか。

筆者の持論を述べてみます。都政改革のポイントは「都政の純化」にあります。生活都市の面では、道路交通網、鉄道・空港整備や住宅、エネルギー、水資源食糧、廃棄物、防災、雇用政策、犯罪・テロ対策など大都市生活に関わる安心・安全の確保や危機管理政策に純化します。さらに経済都市の面では、集中・集積が続く企業活動をコントロールする経済規制や産業振興、観光政策、都市外交、さらに金融部門に向けたインフラ整備などに都政を純化すべき時代がきています。

それを実行するには、膨大で複雑な行財政需要に的確に対応する経営主体の構築と、高い政策能力を発揮できる政策集団のしくみが必要です。

現在の都区制度を前提とする限り、大都市行政の主体としても首都行政の主体としても「未整理都政」にとどまってしまいます。この15年いや20年近く、行政改革は全く進んでいません。肥大化都政、これに大胆なメスを入れることは、都政純化に向けて必要不可欠です。

大都市の政策は社会保障の問題にせよ、社会資本の整備や社会保険（福祉や環境）の問題にせよ、あるいは基本的人権の保護の問題にせよ、多くが政治争点化します。地方自治は公正、中立であるべきですが、否が応でも都政自体が政党政治の荒波にもまれざるを得ません。

マニフェスト政治は今後も深化し、トップが掲げた政治公約が都政計画の根幹を成すようになります。その実現をめざす政治主導の体制整備、政策実現の司令塔が組織化されなければなりません。トップマネージメントの補佐機能を強化する試みは幾度となく行われてきましたが、東京都地方政府の確立をイメージした本格的な政治主導体制は未だ実現していません。

都政の純化は国、都、区市町村との役割分担を大きく見直すことが前提となります。しかし、中央と地方の関係を見直すだけで都政が変わるわけではありません。石原都知事は就任当初、職員に「スピード感」と「危機感」を持てとハッパをかけていましたが、それは事業官庁としての都政ではなく、政策官庁としての都政をイメージして語られた言葉だったのではないでしょうか。その理念と哲学は今後も引き継がれるべきであり、都政の純化には都政の分社化・スリム化は避けて通れません。大きいことが強さではなく弱さにつながっていないかどうか、都政全体の経営体のあり方を見直すときです。

めざすべきは政策都庁

都庁を従来型の「事業官庁」から「政策官庁」に変えるべきだという筆者の主張に対して、都政は事務事業の執行が圧倒的に多く政策官庁などありえないという声を聞きます。筆者が都庁「政策官庁」論を説くこと自体、状況認識が違うと反論する人もいました。しかし、それは違います。いまは地方分権、地域主権の時代です。地方政府自立の時代なのです。

都政を府県行政ないし大都市政策に純化しようとしたら、やるべきことは都市政策であり大都市経営ではないでしょうか。現在の都区一体論の護送船団方式では、都政と区政に明確な役割分担は見えません。二重行政の無駄もなくならず、双方の組織力も生きません。都と区市町村の役割を双方とも純化し、それぞれ役割の異なる地方政府としての自立をめざすべきです。

14兆円という膨大な予算が複雑多岐にわたる仕事に細分化され、指揮命令系統に基づき4万人職員体制によって整然と処理されていく様は、まさに巨大な工場を見る思いです。

ですが、日本一の巨大官庁（工場）を誇るだけでは、どこで何が決まり、誰が責任を負っているのかわからない組織となってしまいます。条例局だけで約20局もあり、職員が他局に異動すると組織文化の違いすら感じるようでは、旧国鉄のような「統合力なき組織」といわれかねません。めざすは質の高い「賢い政府」「小さな政府」としての政策都庁ではないでしょうか。

政策審議監ポストの新設

石原都政のとき、知事直属の「知事本局」という戦略本部がありました。舛添都政で「政策企画局」に変わりましたが、本質は同じでしょう。

これは、小泉政権の経済財政諮問会議をヒントにしたものといわれました。しかし実際はそのようには機能しませんでした。地方政府の自立を視野に、都庁を事業官庁から政策官庁にシフトしようという先駆的な組織改革も行われませんでした。

惜しかったと思うのは、青島都政のとき、「都庁の構造改革案」の実現が幻に終わってしまったことです。そこでは「新たな施策展開が可能となるよう都の政策立案機能を強化」し、「都の広域自治体としての役割を強化する」との構想案が描かれていました。

それを参考にいうなら、都庁は現在の約20局の体制を「総合政策局」と経営局、生活局、厚生局、環境局、産業局、都市局など7つの局に再編純化し、事業執行部門は都税庁、病院事業本部、基盤整備本部、開発住宅本部といった事業本部制をとるしくみに変えてはどうでしょうか。その際、出先機関も統廃合し、いくつかの地域広域局に再編整理すべきです。また上下水道、交通など基礎自治体の事業は特別区に事務移管するか（23区が合同で広域事業組織をつくる）、民営化を視野に独立行政法人など非公務員化して独立事業化すべきです。

さらに主要7局長を特別職にしてみてはどうでしょうか。これまでのように4人の副知事がそれぞれ数局を束ねるやり方ではなく、所管局長を特別職としてキャビネットを構成するのです。また副知事は2人とし、1人は事務次官とし、もう1人は都知事の政策ブレーンに特化した人材を起用したらどうでしょう。ブレーン起用という意味では、副知事のスタッフの位置づけで国の審議官に相当する「政策審議監」といったポストを5つぐらい増設することも考えられます。

大事なのは、政策の総合化を図るため、主要7局長を所管業務の最高責任者である「大臣」的局長に位置づけ、権限・責任・任期・報酬を明確にした特別職とすること。そして知事と副知事、政策審議監、主要7局長が「都政の戦略会議」を形成し、都政の骨格を決めていきます。マンモス都庁の運営を考えると、知事個人のパーソナリティに依存する従来の権力構造には限界があり、むしろこうした多極構造タイプの方が政策の質は高まるでしょう。

小池都政では「都庁マネジメント本部」を設置しましたが、名称はともかく、それが政策形成のトップマネージメントの核にならなければ意味がありません。しかし、それにも限界があります。かつても首脳部会談とか言ってましたが、有効性には疑問があります。

改めて都政は事業の仕分け、組織の仕分けを行うべきです。政策機能の純化と各事業部門のエージェンシー化（外部化、民間化）を図るなら、この先、都庁職員の大幅削減も可能ではないでしょうか。久しく都庁ではこの種の改革が行われていません。

ポスト五輪を見据えて、人口減少社会への新たな体制を構築する、それが小池都政でいうなら「真の都政大改革」ではないでしょうか。ここが都政大改革の本丸です。

第5章

都議会とその改革

127名の都議会議員

地方議会で最大規模の議会、それが都議会です。議員数も127名と飛び抜けて多いのですが、それだけでなく待遇も日本一で、ほぼ国会議員並みと言ってよいでしょう。しかしその活動は、となるとよくわからないというのが一般の感覚ではないでしょうか。

ちなみに東京ではほかに市区町村議員が1837名います。区によっては、区議の待遇が都議に近いところもあります。いずれにしても、平均すると一区40名の議員がおり、23特別区の制度が東京全体の議員数を増やしている面があります。果たして、これほどの数の議員が、必要かどうか、本来果たすべき職責を果たしているのかどうか、よく考えてみる必要があります。

世論の声として地方議会に対し、①議会は民意を十分に反映していない、②組織として政策・立法活動が不十分、③行政活動への監視統制が不十分、④議員定数や議員報酬が多い、⑤女性やサラリーマンが少ない、といった批判があります。都議会についてもこれらは当てはまるのではないでしょうか。

静かなる議員集団127名の都議会は、いったいどんな役割を果たしているのでしょうか。

まず驚くのが、都議会は「チェック機関」だと誤解している現職議員が多いことです。条例案は知事ら執行機関が出すもので、議員の仕事はそれにイエス、ノーをいうことだという認識です。条例案に修正を加えることもなく通し、予算の組み替えを求めることもありません。議員の主な仕事は年1回程度、知事らの執行活動に対し本会議や所属する委員会で質問に立ち、答弁を引き出すことだと考えているふしがあります。

これが都議会の役割なのでしょうか。住民自治を代表する都議会は本来、都民のよりどころのはずです。しかし実際に、様々なルートを通じて都民との対話を深めているのは知事ら行政サイドです。都民との対話集会、都政を語る会、都政懇談会など直接対話の機会をつくり、都民とのツーウェイ（双方向）コミュニケーションの機会を持ち都政のニーズを把握しているのも、行政サイドの方です。

それに対し、都議会は組織として都民との対話集会も開いていません。これで都民のニーズがわかるのでしょうか。都議会が都民から超然とした存在であるとしたら、そのうち都民からソッポを向かれるでしょう。欧米でいう議会制民主主義は、議会が自治体の政治的中心に位置し、民意を反映しながら行政活動をリードしていくしくみを意味しています。これまでの都政は都知事民主主義のようになり、都議会は政治的な脇役になっていないでしょうか。議会制民主主義というなら、政治的には都議会ファーストでなければなりません。けっして都知事ファーストではないのです。

都議会に限りませんが、日本の地方自治制度からいうと、知事は執行機関、議会は議事機関であり、後述するように議会には決定者、監視者、立案者、集約者の4つの役割があります。石原都政でも舛添都政でも、自民、公明は知事の与党という意識で行動してきましたが、知事と議会勢力が一体化すると監視者の役割を放棄したに等しくなります。

なぜなら、予算にしろ、条例にしろ、提案される議案のすべてに無原則で賛成ということになりがちだからです。もともと首長も直接選挙する二元代表制では議会に与野党はないのですが、与野党意識の形成は、首長選のときに起こります。都知事選の際、多くの議員が知事選後の与党入りをめざし選挙応援をしているとするなら、それは間違っています。与野党の意識ではなく、チェック機関というより立法府にふさわしい都議会のあり方を考えるべきです。

都議会議員の待遇

都議会議員の身分は非常勤の特別職公務員とされ、給与ではなく、報酬が支給されます。都議会議員の月額報酬は102万2000円。これに期末手当（いわゆるボーナス）が年間約4カ月分近く支給されます。ざっと報酬だけで年間約1700万円。加えて1人当たり毎月60万円、年間720万円の政務活動費が支払われています。これは国会の立法事務費65万円とほぼ同額です。

各地方議会は実費弁償に変えていますが、都議会は依然、議会の会議に出席した場合、1日当たり区部出身で1万円、多摩、島嶼《とうしょ》出身では1万2000円が費用弁償として支払われます。これも本会議、委員会を含めると年間100万円近くに達し、単純に合計すると、都議1人当たり合計約2500万円が支給されていることになります。この待遇はほぼ国会議員並みです。

もちろん、事務所費や生活費を含め様々な費用が掛かるので、議員からすれば楽ではない待遇といわれるかもしれません。ただ基本的に兼業兼職も認められる非常勤職なので、年100日程度の出勤日数の実態からすると、社会常識的に報酬としては「高い」のではないでしょうか。

ただ、国会議員並みと述べましたが、国会議員は常勤特別職で生活費を含む

「歳費」（給与）が支給され、一般職の公務員の最高給を下回らない額とされます。それ以外に、公設秘書3名のほか、立法調査費、通信費などの諸費用が支給され、議員会館の議員、秘書らが独占的に使用できる個室の事務所が提供されているのですから、都議からすると、それらの費用を換算すれば、都議が国会議員並みという見方は当たらないといわれるかもしれません。

都議の報酬が高いか安いかを見るポイントは、報酬は労働の対価ですので、その活動をみてどう評価するかということです。

都議会の性格は立法機関へ

ところで、戦後地方自治は、建前では首長と議会を対等の政治機関と規定しながら、実際は首長優位の状態を認めてきました。それぞれの省庁の大臣の地方機関（部下）として公選の知事、市町村長を位置づけて、国が上級官庁、地方が下級官庁という法的関係をつくり、国の業務の多くを都道府県、市町村に執行委任してきたからです。こうした業務が東京都の業務の8割近くを占めていました。大臣の部下と位置づけられた知事は、通達に従い国の補助金を使ってその業務の執行に当たります。巨大な都庁職員集団も多くはその遂行に忙殺されてきました。2000年春まで半世紀以上続いた、「機関委任事務制度」の下での自治体行政がそれです。

こうした大臣―都知事の上下関係、指揮命令のタテ系列から、都議会は事実上排除され、都の業務の8割を占める機関委任事務については審議権もなければ、条例制定権も、予算の減額修正権も認められませんでした。加えて都知事に予算編成権を独占させたことで、圧倒的に知事が強い権力を持つことになりました。

対等なはずの知事―議会関係は「首長優位」となり、戦後60年近く、地方議会は政治の脇役に過ぎませんでした。都政における権力構造も全国の自治体のそれとほぼ同じでした。

ですが、2000年以降、地方分権一括法による地方分権改革で機関委任事務制度は全廃され、知事らが大臣の部下であるという関係はなくなりました。都庁の8割近い業務が自治事務（固有事務）となり、自治権は飛躍的に拡大しました。

その結果、8割は自治事務（国有事務）となり、都議会は都に国から委任されている2割程度の法定受託事務も含め都政業務のすべてについて、審議権も条例制定権も予算修正権も持つこととなりました。都議会は都政の主役に躍り出たのです。

事実、都議会が予算、条例、主要な契約を決定しない限り、都知事は何ひとつそれを執行できません。見方によっては都議会の方が優位に立ったとすらいえます。戦後長らく議会は「チェック機関」だと確信してきた多くの議員は、このパラダイム転換に気付いていないようです。地方分権改革から15年経ちますが、都議会に「立法機関」としての役割が期待され、都政の中心をなすようになったという役割変化への認識があまり見えません。

都議会の立ち位置の大きな変化に気付くこともなく、旧態依然とした都議会活動が続いているのではないでしょうか。都議は127名と数が多いとはいえ、4年ごとの選挙のたびに3分の1近くが入れ替わります。

当選2回以下の議員が半数を占めるという特徴を持っているのが都議会です。当選しやすく落ちやすい。これが都議選ですが、それが都議会の一部に長老支配という現象をもたらしているとするなら、それは本人の責任というより、プロとアマ議員の二極化、構造的にそうした状態が生まれてくるといえましょう。

都知事と都議会は対等な立場

都知事と都議会は対等な政治機関で、これはいわば自治体経営の車の両輪の関係にあるものです。それはつまり、双方に対して都政全体の経営に共同責任を負

都議会と都知事

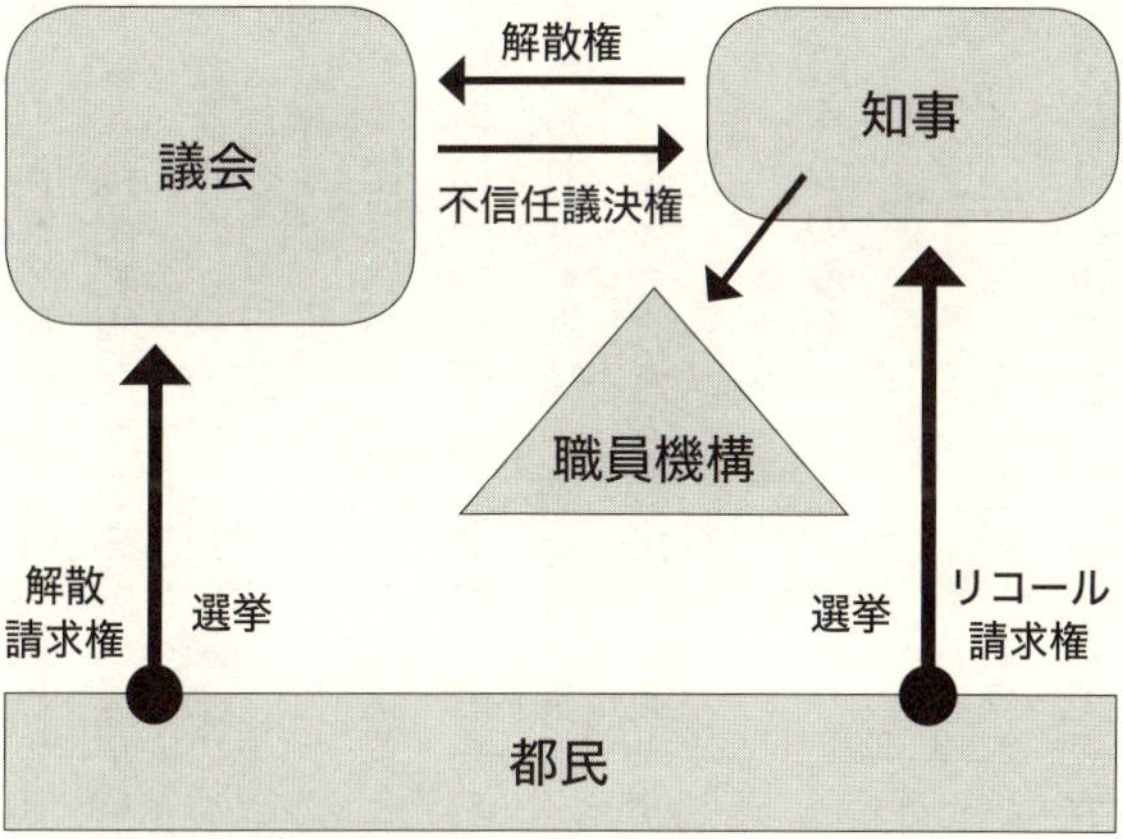

出典：佐々木信夫『現代地方自治』（学陽書房、2009 年）を一部改変

うよう求めているともいえます。

首長と議員の双方を有権者の直接選挙で選ぶ「二元代表制」は、国が採用している一元代表制、つまり国会議員だけを直接選挙で選び、後は国会が内閣総理大臣を指名し、その内閣総理大臣が執行機関としての内閣を組織する制度（議院内閣制）とは根本的に異なっています。

二元代表制はいわば大統領制です。知事に執行機関の、議会に議事機関の役割を求め、双方は原則的に独立し抑制緊張関係を保つ制度です。ただし日本の場合、住民が代表を選ぶ過程では大統領制的な手法を採りながら、実際の運営過程では議会に首長の不信任議決権を与え、一方で首長に議会の解散権を認めるという議院内閣制的な手法も加味しています。

しかも、住民はいったん選んだ議員と首長について、有権者の一定数の署名をもって任期途中での解職や議会解散を求める権利を持っています。これはアメリカにも見られない独特の制度で、議会、知事、有権者の3者が抑制・緊張関係を保てるよう工夫されたものだといえます。

都議会の4つの役割

都議会にはどのような役割が期待されているのか。それは4つです。

①都民の意思と利益を代表し、条例や予算など都政の骨格を決める。あるいは条

例、予算などを修正し可決する「決定者」の役割

②議決に基づき条例や予算を執行する執行機関としての知事を監視する。膨大な官僚機構の活動を監視し統制する「監視者」の役割

③都民の様々な要求を政策として組み立てる。条例や予算措置を伴う政策として提案する「立案者」の役割

④都議会での審議・決定過程を都民に説明する。それらに対する都民の意見を集約して議会活動に反映する「集約者」の役割

この4つの役割をバランスよく果たしているかどうか、それが都議会の活動を見る視点となります。やがて行われる都議選で現職を評価する視点もここにあります。実際の活動について個別に議員を採点してみたらどうでしょうか。

都議会の審議過程

127名からなる都議会は、普段どんな活動をしているのでしょうか。

もともと議会というのは「集会」が語源になっているように、代表が集まってミーティングをする場と理解されています。都議会は「会期制」となっていますから、1年中議会を開ける「通年議会制」という方式に変えない限り、会期の間のみ議会が存在することになります。現在の都議会は伝統的な会期制のままで、年4回（2月、6月、9月、12月に招集）の「定例会」を開き、必要に応じ「臨時会」を招集する形です。第一定例会、第二定例会などと呼んでいます。

議決機関としての権限としては、条例の制定、予算の決定、決算の認定、契約の議決、副知事等人事への同意、意見書・決議の提出、都政全般にわたる調査・検査、および都民からの請願・陳情の審査など多岐にわたっています。

都議会を招集する権限は定例会、臨時会のいずれも都知事にあります。対等な政治機関といいながら、なぜ知事のみに議会招集権があるのでしょうか。最近このことが話題になりますが、単なる戦前からの名残という説明以外、適切な理由が見当たりません。というのも、戦前の地方議会は首長の諮問機関として存在し、府会、県会、市会、町会、村会とも議長は首長が兼ね当然その招集権も首長にあったようです。

戦後の議会は首長の諮問機関ではなく、独立した政治機関となりましたので、本来なら議会の招集権は議長にあるというのが自然な理解でしょうが、日本の地方自治法は戦前のスタイルを追認した形で法制化しています。首長優位を保たせるためともいえます。これは今後、法改正の必要な事項です。

それはともかく、定例会、臨時会とも初めに「会期」が決められ、その期間中に本会議や委員会が開かれ、議案や審議、審査が行われます。審議形態は専門分野ごとに置かれる委員会審議が中心（委員会中心主義）で、その結果を本会議で承認する方法がとられています。委員会は常任委員会と特別委員会からなり、議員はいずれかの委員会に所属します。

都議会に提案された議案は、まず本会議に出され、知事ら提案者からその内容や提案理由が説明されます。代表質問、一般質問の後、専門的見地から審議を行うため、委員会に付託されます。現在、常任委員会は総務委員会、財政委員会、文教委員会、都市整備委員会、厚生委員会、経済・港湾委員会、環境・建設委員会、公営企業委員会、警察・消防委員会の9つです。特別委員会は予算特別委員会、各会計決算特別委員会など5つからなっています。

2016年の夏から中央卸売市場の築地から豊洲への移転が問題になっていますが、その委員会審議は経済・港湾委員会で行われています。

各常任委員会は14～15人の委員からなり、その任期は1年です。会議の開催回数をデータで見ると、各常任委員会はそれぞれ平均すると年20回程度、全体で常任委員会は年150回、特別委員会は50回ほど開かれます。それ以外に議会運営の段取りを決める議会運営委員会があり、年10回程度開かれています。

都議会の議案審議過程

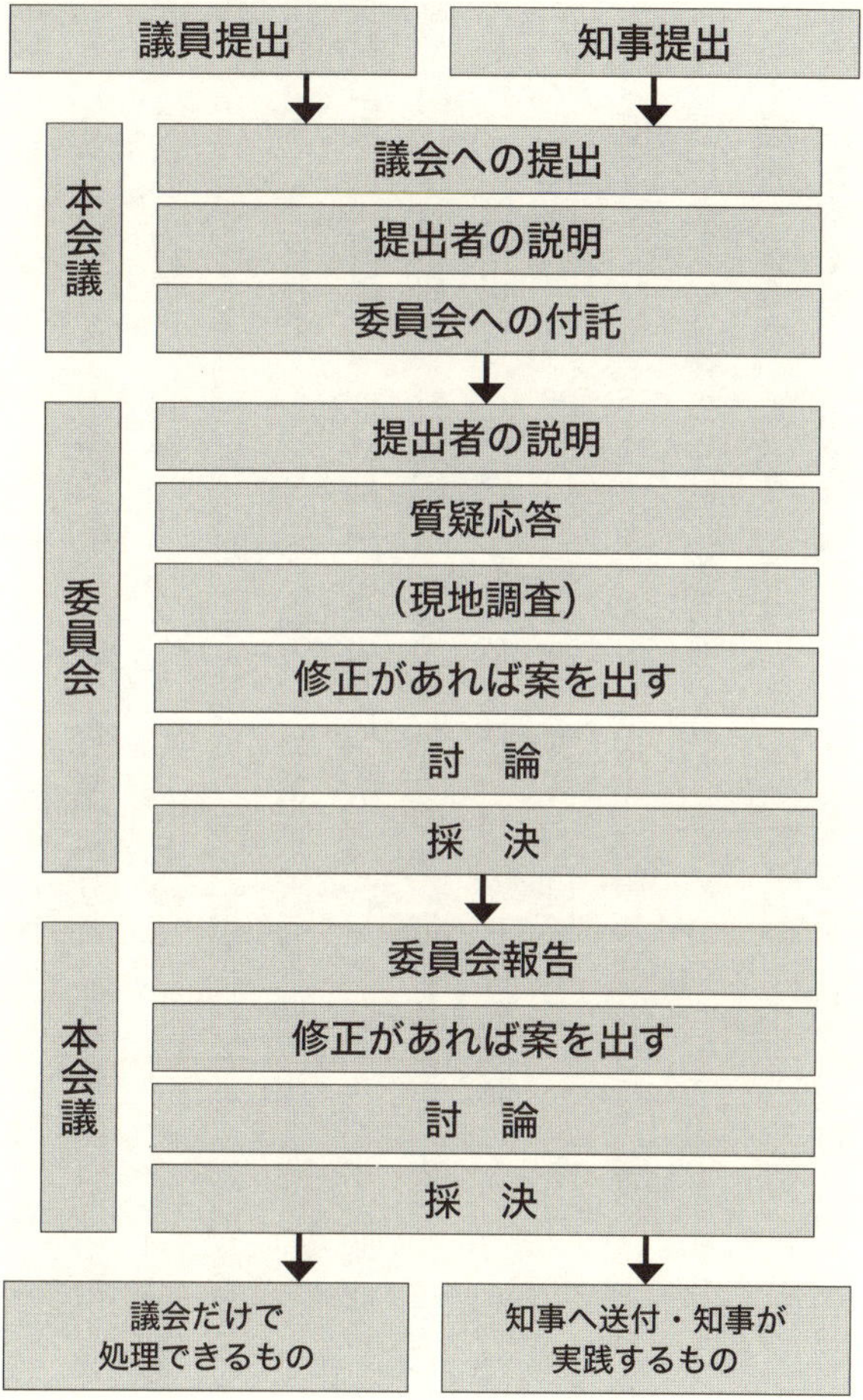
議員提出
知事提出
本会議
議会への提出
提出者の説明
委員会への付託
委員会
提出者の説明
質疑応答
（現地調査）
修正があれば案を出す
討　論
採　決
本会議
委員会報告
修正があれば案を出す
討　論
採　決
議会だけで処理できるもの
知事へ送付・知事が実践するもの

都議会審議をフローチャートにすると、前ページの図のようになります。

わかりやすくいうと、本会議が全体会、委員会が分科会と理解するとよいです。分科会でそれぞれ専門的に集中審議をしたうえで結論を出し、それを分科会の委員長が全体会である本会議に報告し、全員参加の本会議で議会としての最終意思を決定するというしくみです。ちなみに国会での審議のしくみもほぼこれと同じです。

委員会では知事提案であれば知事ないし局長から議案に関する理由説明があり、それに基づく資料要求、質疑応答、現地調査、討論が行われます。委員会審議を終え、そこで採決が行われたら、その結果は委員長から議長に報告され、その後、本会議で委員長報告が行われ、さらに討論を経て全員採決が行われます。

可決の場合(一般議案は過半数)、その結果が知事に送られ、実施に移されます。また都民からの請願(年間平均300件程度)や陳情(同180件程度)についても審査、採否が行われています。

都議会においては、この委員会審議が極めて重要であり、「委員会中心主義」

ともいわれます。委員会では1問1答形式の審議が行われます。事前の質問通告もなく真剣勝負。これが本会議になると、代表質問、一般質問とも質問内容の事前通告が行われ、場合によっては答弁のすり合わせまで行われます。

これでは本番の本会議は「学芸会」のようになり、傍聴する意味がありません。小池都政では「根回しをやらない」と宣言していますが、次第に「馴れ合い」にならないかどうかよく見ておきたいものです。

都議会改革のポイント

都議会改革のポイントを分かりやすくQA方式で述べてみたいと思います。

第1に都議会が果たすべき役割は何か

執行機関である首長の提案に対し、住民の目線で審議して修正、決定します。

さらには自らが政策を提案します。これが本来あるべき都議会、都議会議員の役割です。具体的には124ページで述べた、①政策や予算の決定、②執行状況の監視、③政策や条例の立案、④住民の意見の集約、の4つの役割です。

選挙で選ばれた首長と議会で構成される二元代表制では、それぞれが住民の代表者として相互に抑制。均衡関係を保ち、どちらが民意を反映するかを競い合う関係が求められています。

しかし、前述のように「議会はチェック機関」と勘違いしている議員も多いのです。重要な役割の1つではありますが、あくまでも「議会は地方政治の主役」であり、決定者、提案者、民意の集約者という自覚を持たなければなりません。

第2に都議会の政策立案能力を高めるには何が必要か

本会議や委員会で個々の議員が首長に質問するだけでは不十分です。イエス・

ノーをいうだけでも不十分。首長が提案した政策が本当に住民の意向を付度《そんたく》しているか、幅広い民意を吸収する立場にある議員同士が議論し、深く掘り下げる必要があります。

例えば、まちづくりや人口減少、教育、福祉、高齢化対策、子育て対策、あるいは首都のあり方、金融都市など政策テーマごとに研究会を立ち上げてはどうか。そこでの議論をもとに、首長に修正を迫ったり、新たな提案をぶつけていくべきです。

予算の修正も、どんどん提案した方がいいです。小池都政で200億円の政党復活予算枠が廃止されましたが、是非論を議論するより、予算修正を議会内で行う方が有効でしょう。現状では議会に予算の提出権はありませんが、予算研究会を設置して独自に「もう1つの予算」を編成してはどうでしょうか。そうすると、自治体が直面する課題の全体像が見え、改革の焦点がはっきりするはずです。議員の質問にも単なる批判者ではなく経営者の視点が入ってくるでしょう。

第3に都民の意見を的確に受け止める具体策はどうか

民意は4年間、変わらないわけではありません。その時々の民意をきちんと集約するために、住民とのツーウェイ（双方向）のコミュニケーションを強化する必要があります。議会が機関として定期的に住民報告会や意見交換会を開き、議会の決定に対する説明責任を果たすとともに、住民の意見を聞くしくみをつくり、自信を持って提案し政策判断をしていくことが重要です。

民意の反映という意味では、知事1人よりも多くの議員で構成される都議会の方が、民意の反映という意味でよりバランスの取れた判断ができるはずです。自治体の運営は議会が主導権を握る政治主導こそが民主主義の姿といえます。

第4に都議会議員一人一人の構想力を高めるにはどうするか

議員が苦労して条例や政策をつくってみることです。勉強すること。その苦労を経験して初めて政策を語れるようになれますし、議員の力量が磨かれます。

そのためには、都議会にも国会の法制局のような政策立案を支えるしくみをつくらなければなりません。「都議会法制局」をつくり、法科大学院出の専門家を非常勤の専門委員として多く雇えばよいのです。そこに政務活動費の半分を投入したらどうでしょうか。こうした人材を活用できれば、優秀な立法サポーターを確保できます。費用は政務活動費の一部を出し合えば、本来の使途に沿っており、ムダ遣いも減るでしょう。現在浴びせられている使途に対する批判も消せます。

例えば、子育て支援の条例を議員がつくりたいと思っても、どういう条文が適切か、法律との整合性はどうかなど、細かいことはわかりません。それを法律の専門家がサポートするのです。こうした機能がないと都議会の政策力強化といっても百年河清を待つようなものです。都議会に法制局ができれば、議員提案の政策や条例は格段に増えるのではないでしょうか。

第5に議会改革で期待される効果はどうか

議員提案の政策や条例の審議に関連して、首長には「執行機関の最高責任者としてどう考えるか」を聞かれます。すると執行機関側の緊張度も非常に高まり、自治体職員も真剣に勉強するようになります。地方議会が変われば、地方自治が変わります。この先、地方自治のレベルを上げるのは、議会の力です。

日本で地方分権改革が始まって15年が経ちます。1つの区切りの年です。都政では都知事も代わったことですし、2017年は都議選もあります。都議会は首長の提案を追認するような機関から脱皮し、政策構想力を発揮して存在感を見せてほしい。安倍政権の焦点になっている地方創生、都市の再生も、都議会の腕の見せどころです。いつまでも活性化策を国に頼っているようでは、地方創生はできません。

大都市から「反乱」を起こすぐらいの気構えで、都知事と都議会が一丸となって地方創生をリードしてもらいたいものです。

政務活動費は第2生活費か

日本一、政務活動費の支給が多い都議会。そこに問題はないのでしょうか。

地方では政務活動費をめぐる不正が相次いで発覚しています。富山市議会では領収証の改ざんなどの手口で不正に政務活動費を受給していた議員が連鎖的に辞職を表明し、13人が辞職に及ぶ始末。既に補欠選挙が行われ後継が決まっていますが、この先は大丈夫でしょうか。他の議会でも類似の不正が次々に発覚し、辞職する議員が出てきました。従来はいろいろ方便を述べ辞職まで至る議員は少なかったのですが、最近は説明責任を果たすことなく去る「辞職」の方法が目立ちます。それでよいのか。

辞めてしまえば、それで終わり――日本的な文化のような感じがしますが、果たしてそうなのでしょうか。舛添要一氏が政治資金などの公私混同疑惑に答えることなく都知事を辞職したケースが引き金になっているような気もします。

辞めても「説明責任」は残ります。税金を不正に使った以上、市民の疑問、不満、疑惑を解消する責任、それが説明責任でありアカウンタビリティを果たすということです。非常勤特別職公務員として議員を務めた以上、そこはしっかり果たさなければなりません。

政務活動費は、地方議員に対し月額報酬とは別に「議員の調査研究その他の活動に資するために必要な経費」として支給されています。支給額は自治体の規模で大きく異なります。町村の中にはこうした経費の予算措置がないところも多いですが、政令市や都道府県、県庁所在市では相当額に上ります。最も高額なのは東京都議会で、議員1人当たり年間720万円です。

2000年以降、地方分権改革により、地方自治体の自己決定、自己責任の業務領域は飛躍的に増えました。それに伴い、議会の決定事項も監視事項も拡大し、さらに議員立法などの必要性も高まりました。それをサポートする費用として政務調査費が法制化され、数年前から「その他の経費」が加わり、「政務活動費」

になりました。これは議員の政策力アップを期待してつくられた費用です。

こうした経緯から、本来はよりよい地域の政治を行うよう地方議員の政治活動をサポートするためのカネですが、それを不正にただ懐に入れようとする行動に出て、本来の趣旨をねじ曲げてしまいました。「第2生活費」だと思い込むような使い方、これは2013年に「その他」の項目を加えてからより強まりました。パート代、チラシ、会議費、ガソリン代、事務所費、旅費など、およそ「調査研究活動」とはいえない支出項目が、6割も7割も占めるようになっているところもあります。都議会もここに含まれているように報じられています。

第2生活費として使うなら、これは廃止した方がよいです。しかし、せっかく地方分権を進め、地域のことは地域で決める国づくりを始めたわけですから、その流れを止めないとすれば、地方議会、地方議員が変わらなければなりません。地方議員がこの国を悪くしてはなりません。よくするための代表です。

政務活動費のあり方についてどう考えるべきでしょうか。政務活動費の支給を減らす、止めるような改革には賛成できかねます。筆者はむしろ、少額のところは増やす方向で考え、使い道の有効化を図るべきです。なぜなら、地方分権で国会に代わって地方議会が公共支出の決定者に置き換わっているからです。

では政務活動費の不正防止をどうするべきでしょうか。

①透明性を高めること。都民に対し、収支報告書や領収書の本体を全面公開する

②都議会の実際はわかりませんが、他のように事前に予算として渡すようなやり方は止め、すべて領収書を添付のうえ、実績払いに改める

③その領収書を含め、支出内容について第三者のチェック委員会で3カ月ごとに監査する。ネット上で全て領収書は公開する

④この経費を使ってどんな成果があったかを毎年文書で提出させ、定期的に都民向けの公開発表会を開くこと

④は逆に考えると都民の監視というより、都議の政策発表の場になると考えられます。そうすれば、再選をめざす議員にとってはＰＲの最大の機会ともなりま

す。

ともかく、角を矯《た》めて牛を殺すのではなく、牛が大きく育つよう前向きの改革をめざすことです。議員報酬、議員定数の問題とあわせ災い転じて福となす政務活動費改革がどんどん都議会から出てくることを期待したいものです。

都議会選挙の軌跡

都議会議員選挙についても触れておきましょう。

都議会議員は平均年齢が若いのが特徴で、当選回数も1〜2回の議員が6割を占めています。「通りやすく、落ちやすい」のが都議選の特徴で、選挙のたびに3分の1程度が入れ替わるので、その結果として、当選回数が少なく、ある意味で「素人」の議員が多くなりがちです。結果、当選回数の多いごく一部のボス議員に議会運営を頼るようになりがちな歴史もあります。小池知事が都議会自民党をブラックボックスと呼び、〝都議会のドン〟という表現で自民党の長老議員、実力議員を批判しましたが、事実はどうでしょう。経験豊富で最大会派の羅針盤役を果たしているにすぎないのではないでしょうか。

都議選に関して特筆しておくべきことが1つあります。1965（昭和40）年、都議会で歴史上最大の汚点ともいうべき事件が起きました。先の東京五輪から保守都政が続き、都議会にも議長、副議長、委員長の役職ポストをカネで買う風土が蔓延していました。それがついに同年3月、議長選挙をめぐる汚職として発覚し、「都議会は解散し都民に信を問え」という大合唱となったのです。

しかし、当時地方自治法には議会の自主解散という規定はありませんでした。1965年5月、都議会は臨時会を開き、法的に可能な全議員辞職か、知事不信任議決による知事の議会解散という2つの選択をめぐって活発な議論をしましたが、いずれもまとまらず、議員総辞職も不調に終わりました。

この打開を求められた国会は臨時国会を開いて、与野党が協力し「地方公共団体の議会の解散に関する特例法」という法律を可決し、都議会の自主解散への道を開いたのです。

この特例法を受けて都議会はさっそく臨時議会を開き、1965年6月14日に都政史上空前の自主解散に踏み切りました。以後、都議選はいつも6月終わりに行われるようになったのです。

当時、都議会の自主解散という前代未聞の事態に選挙への関心は高く、当時120議席に対し308名が立候補しました。その結果、自民党は総議席の3分の1も得られず、38議席となり第1党の座からすべり落ちました。代わって社会党が45議席を得て第1党へ。刷新都議会で従来の幹事長会中心の議会運営から議会運営委員会中心の運営へ切り替わり、議長交際費の減額や委員長経費の削減などが行われました。

こうした背景をもとに2年後、都政に初めて社、共中軸の革新都知事が誕生したのです。その後、都議選では常に政党の盛衰が見られ、「国政の先行指標」ともいわれるように目が離せない選挙となっています。2017年はどうでしょう。

もう1つ、自民党が多数を占めることが多い都議選で、民主党が第1党になり、与野党が逆転したことがあります。2009年の都議選です。石原都政のときですが、このときは築地市場の移転問題、新銀行東京の存続問題、都立3小児科病院の統廃合問題、2016年東京五輪の招致の有無といったトピカルな問題に加え、広く都市生活全体に関わる医療・福祉・教育など生活重視の政策か、雇用・景気対策など経済重視の政策かの選択が問われた選挙でした。

結果は、146ページの表のように生活者重視の政策を掲げた民主党（54議席）ほか野党が勝利し、築地市場移転反対、新銀行存続反対、3病院統合反対の支持票が強く出ました。当時、東京五輪の招致についてては盛り上がらず、出口調査などを見ても数%程度の関心しかありませんでした。

自民党が大敗し第2党に転落して与野党逆転となったことで、2009年夏以降、都政は築地問題、新銀行問題など石原都政3期目が抱える当面の問題について民主ほか野党勢力に揺さぶられ、大きな行き詰まりを見せることになります。

しかし、２０１３年７月の都議選で民主党は大敗し、自民党が復調、公明党も堅調で自公与党勢力が多数を占めることになります。その勢力が現在存在し、そして小池都政下で初の都議選が２０１７年７月に行われるのです。

前述のように、都議選は国政の先行指標といわれます。１９８９年の社会党躍進のマドンナブーム、１９９３年の日本新党ブーム、２００１年の小泉ブーム、そして２００５年の都議選後の小泉郵政解散と、日本政治の大きな変化を占う指標でした。

それは２００９年都議選の1カ月後、衆院選で自民大敗での政権交代へつながります。ただ長く続かず、それも3年半で終わりました。２０１３年の選挙では自公が復調し、過半数を超え、その後の衆院選、参院選でも自公が多数を占めています。

都議選の推移

（単位：人）

選挙施行日	議席数	投票率	党派別当選者数・得票率									
1963.4.17	120 (100.0)	67.85	自由民主党 69 (48.2)		公明政治連盟 17 (10.5)	日本共産党 2 (4.5)	日本社会党 32 (27.5)		民主社会党 0 (5.3)		その他 0 (0.3)	無所属 0 (3.4)
1965.7.23	120 (100.0)	58.58	13.3		公明党 23 (13.3)	9 (10.1)	45 (28.0)		4 (6.8)		0 (1.6)	1 (10.0)
1969.7.13	126 (100.0)	59.73	54 (33.0)		25 (17.3)	18 (14.5)	24 (24.2)		4 (4.9)		0 (0.0)	1 (6.1)
1973.7.8	125 (100.0)	60.74	51 (34.1)		26 (17.7)	24 (20.2)	20 (20.6)		民社党 2(3.6)		0 (0.0)	2 (3.8)
1977.7.10	126 (100.0)	65.17	自由民主党 56 (36.1)	新自由クラブ都民会議10 (10.2)	25 (14.7)	11 (14.2)	日本社会党 18 (15.2)	社会市民連合 0 (1.3)	3 (3.4)	革新自由連合 0 (0.6)	—	3 (4.2)
1981.7.5	127 (100.0)	54.23	52 (34.5)	新自由クラブ 8(6.6)	27 (19.8)	16 (16.2)	15 (12.6)	—	5 (3.9)	—	0 (0.8)	4 (5.6)
1985.7.7	127 (100.0)	53.50	56 (36.0)	6(5.7)	29 (21.1)	19 (15.5)	11 (11.7)	—	2 (3.0)	—	0 (0.8)	4 (6.2)
1989.7.2	128 (100.0)	58.74	自由民主党 43(30.4)		26 (15.6)	14 (13.9)	29 (24.4)	—	3 (2.2)	進歩党 1(0.8)	2 (1.7)	10 (11.0)
1993.6.27	128 (100.0)	51.43	44 (31.1)		25 (15.9)	13 (13.5)	14 (13.0)	ネットワーク 3 (1.7)	2 (1.5)	日本新党 20 (12.1)	0 (1.8)	7 (9.4)
1997.7.6	127 (100.0)	40.80	自由民主党 54 (30.8)	新進党 0(1.9)	公明 24 (18,7)	26 (21.3)	社会民主党 1(1.9)	2(2.5)	—	民主党 12 (10.3)	0 (3.8)	8 (8.7)
2001.6.24	127 (100.0)	50.08	53 (36.0)	自由党 0 (2.8)	公明党 23 (15.1)	15 (15.6)	社会民主党 0(1.4)	生活者ネット 6(2.9)	—	民主党 22 (13.5)	1 (1.0)	7 (11.7)
2005.7.3	127 (100.0)	43.99	48 (30.7)		23 (18.0)	13 (15.6)	0 (0.2)	3 (4.1)	—	35 (24.5)	1	4
2009.7.12	127 (100.0)	54.49	38 (25.9)		23 (13,2)	8 (12.5)	—	2 (2.0)	—	54 (40.8)	0 (1.2)	2 (4.4)
2013.6.24	127 (100.0)	43.50	59 (46.5)		23 (18.1)	17 (13.4)	0	3 (2.4)	みんな 7(5.5)	15 (11.8)	2 (1.6)	1 (0.8)

著者作成　註：(　) 内は党会派の得票率 (%)

第6章　都庁の政策決定のしくみ

都知事のリーダーシップ

ここでは、都政のリアルな政策過程について理論と実例を交えながら紹介してみましょう。その中心は都知事ですが、マンモス都庁の中で都知事の権力はどこまで都政改革や政策構想に通じるのでしょうか。そこには都知事の実力と政治権力をめぐるダイナミズム、様々なドラマが見え隠れします。

都知事はマンモス都庁の経営者、都民を代表する政治家、対外関係を処理する外交官としてどのようにリーダーシップを発揮しているでしょうか。政府でも政党でも、あるいは会社でもそうですが、組織が大きくなればなるほどそのガバナンスのあり方が問われます。ガバナンスという言葉には、内部統制という意味とかじ取りという2つの意味が含まれています。

リーダーによるしっかりした方向づけがなければ活動はバラバラになります。ここではガバナンスを「かじ取り」という意味で使いますが、そのときの知事が誰であるかによってその手法は大きく異なっています。

政治主導のタイプか官僚依存のタイプか、ワンマン型リーダーか民主型リーダーか、トップダウンかボトムアップなど、知事のリーダーシップの取り方次第で都政の展開は大きく違います。それは都議会との関係、都民との関係、職員との関係の違いとなっても表れます。

例えば、学者出身の美濃部亮吉氏や作家出身の石原慎太郎氏はマスメディアを強く意識し、突然アドバルーンを上げてそれを最大限活用することで世論形成を図り、その支持をエネルギーに自分の政策を強く推し進めようとするタイプでした。しかしこれは、時に議会軽視とも受け取られ、都議会と抜き差しならぬ関係になることも少なくありませんでした。

他方、内務官僚出身の鈴木俊一氏は官僚出身らしく都庁官僚を使うツボを心得ており、精密機械のように構築された都庁官僚制をうまくコントロールし議会の根回しなども周到に行うタイプでした。こうした運営の仕方は都庁内に軋轢《あつれき》を生むことは少ないのですが、時に都民軽視、都民不在の「閉じた都政」とも受け止められました。その点、いずれでも難しい点があります。

よく都知事は、仕事の内容はそう違わないので普通の知事でもできるといわれますが、1つ違うのはどのような都知事であろうが、強い指導力を持たなければ巨大都庁のガバナンスは保てないということです。それに失敗したのは、1期で都政を去った青島幸男氏ではなかったでしょうか。

ワンマン都知事の石原氏、そしていま小池氏が都知事になりました。石原氏への評価は概ね「独裁的リーダーシップ」で定まっているように思いますが、いま始まったばかりの小池都政はどうなのでしょうか。都民ファーストといいながらメディアファーストの感じもしますが。できれば民主的なリーダーシップを発揮するタイプで、都議会との関係も良好で一定の緊張関係を保ち、都庁官僚全体の総力を生かす知事であってほしいと筆者は願っています。

都知事の権限と政治主導

都政運営は基本的に都知事の政治主導によって行われます。しかし、その中身は様々です。7、8年前、国で民主党政権のとき、国政での政権交代を受け、「政治主導」の概念をめぐって官僚依存を悪とし、政治家主導を善とする考え方が見られました。官僚依存を肯定するものは守旧派、政治主導を肯定するものが改革派とすらされました。

しかも政治主導を政治家主導と混同し、政治家が何でも決めることを政治主導だと誤解していました。しかし結果は政治主導どころか、官僚主導にどっぷり浸かり、政権担当能力がなく、財務官僚のいうままに増税まで決めて、政権の座から下りざるを得ませんでした。

政治とは、社会の諸利害を調整し問題解決の政策設計をする行為である、と定義するなら、行政とはその政策設計をより具体化、詳細化し、具体的に公共サービスとして受益者に提供する行為であるといえるでしょう。

政治家は公選職として選挙で選ばれ政策決定をしなければなりませんが、しかし必ずしもその専門分野に精通したプロではありません。公務員は任命職として試験で選ばれ専門分野に精通していますが、住民の代表としての正当性は有していません。そうした特性からすると、政治はすべて政治家の役割であるとも、行政はすべて公務員の役割であるともいいがたいです。

官僚主導が批判されるべき点は、政治の範疇に属する政策設計まで公務員に丸投げし、事実上政策決定まで委ねてしまう点にあります。しかし、だからといって専門分野に精通しない政治家が自ら政治の担い手であるという認識から素人的な政策設計を行うことがベストともいえません。

同じように行政のサービス提供すべてを公務員に委ねることも効率的ではなく、その分野のサービス提供に長けた民間会社やNPOに執行を委ねる方が望ましい場合もあります。官民共同で公共サービスの提供を図る、こうした〈新しい公共〉の考え方もそこにあります。

問題は、仮に政策設計を官僚に委ねたとしてもそれを政治家がしっかりコントロールできるかどうかです。公共サービス提供を民間会社に委ねても公務員がしっかり行政責任を果たせるかどうかという点です。都知事は政治家ですが同時に行政官でもあります。都政の執行機関を都知事と位置づける法的意義からしても、都行政の最高責任者は都知事です。都知事は行政担当の職員らの行為について最高責任者としてリーダーシップを発揮し責任を負う立場にあります。

ただ、個別具体的な行政執行過程まで都知事が入り込むのか、政策設計のアイディアと方向性を出すレベルにとどめるべきか、それはその都知事の考え方によりますが、巨大都政の都知事はあまり個別具体の問題に口ばしを入れない方がよいと筆者は考えます。

石原氏や美濃部氏は自らの役割を「政治」に限定する傾向が強かったのですが、鈴木氏はむしろ「行政」に強い関心を示す知事であったように思います。今度の小池氏はどうでしょうか。もとより政治と行政は明確に分けられるものではなく、都政という1つの政策過程では連続したものですから、どこまでが政治、どこからが行政と切り離して論ずる性格のものではありません。とはいえ、政治家の役割と公務員の役割は自ずと異なります。

都政の政策過程のしくみ

毎年14兆円に上る膨大な額の予算が都民の公共生活を支え、様々な問題の解決に使われています。都の行政は大きく「企画活動」と「執行活動」に分かれており、その両面の活動を総指揮官としてコントロールしているのが都知事です。

国の補助金や交付金に財源の多くを依存しているほかの道府県と異なり、自主財源が豊富で自立の度合いが高い都政は、政策を企画し、それを執行できる能力と環境を自前で備えています。都庁内でいうと、官房系の局が企画活動の中心をなし、事業系の局とその出先機関が主に執行活動を担います。

大都市東京には様々な機能が集中し、企業の集積度が高いため財政的にも豊かですが、一方で人口過密問題を抱え、個人や企業では解決できない問題も数多く発生しています。公共問題がこれであり、環境、交通、福祉、住宅、犯罪といった具体的な問題として表れています。

また、多くの人々が日常的に利用する道路や鉄道、地下鉄、公園、上下水道、医療機関、公共施設など多様な社会資本の整備にも追われ、インフラの古くなったものは再整備が必要です。都政は、こうした様々な問題を企業や個人に代わって解決する役割を期待されているのです。

こうした都政に関わる政策はどのような組織でつくられ、どういった過程を経て実施されるのでしょうか。

政策の立案、実施、評価という一連の過程を「政策過程」といいます。その過程には首長、職員はもとより、政府、議会、政党、企業、市民団体、マスコミ、シンクタンク、あるいは労働組合などが影響を及ぼし、その相互作用の中で政策が生み出され、実行されます。

都知事と都議会は、執行機関と議事機関という役割の違いはあっても、ともに都民の代表として政策立案権を持っています。都知事に独占的に認められた予算編成権とは異なり、政策立案権は議会にとって代表機能を発揮できる大きな権限です。ただ、その権限を議会が十分に使っているかといえば、決してそうではありません。多くの政策提案は都知事から行われています。

都政の政策過程を少し詳しく解説したのが次のページの図です。①課題設定(問題、課題の整理)、②政策立案(解決方法の設計)、③政策決定(政策の公式決定)、④政策実施(細目を定め具体化)、⑤政策評価(政策の効果判定)、の5つの場面からなります。

では、これらの場面を担うのは誰でしょうか。議員はしばしば、自分たちが関係するのは「政策決定の場面」だと答えます。確かにその答え自体は間違いでは

都の政策過程

feedback

	①課題設定	②政策立案	③政策決定	④政策実施	⑤政策評価
主な内容	①争点提起 ②目標設定 ③課題設定	①複数案設定 ②最適案選択 ③政策原案作成	①合意形成手続 ②長の決定 ③議会の決定	①執行方法選択 ②執行手続・規則 ③進行管理	①制度評価 ②非制度評価 ③修正・改善
担い手	政治全体＋メディア 〔都民＋政党＋都議会 ＋知事・職員機構〕	知事・職員機構 ＋ 都議会	知事 ＋ 都議会	知事・職員機構 ＋ 民間受託者	政治全体＋メディア 〔都民＋政党＋都議会 ＋知事・職員機構〕

出典：佐々木信夫『都知事』（中央公論社、2011年）

ありませんが、認識不足であるといわざるをえません。政策決定の場面に関わるだけなら、議員の日常の政治活動は必要ないでしょう。都民に代わって自治体の活動を政策面から統制することもできません。

地方分権によって、各自治体の政策過程は国が関与する場面が減り、基本的には自己完結するようになっています。自治体は自前の政治、行政が可能になったということです。政策過程における5つの場面を政治の役割と行政の役割に分けると、主に①と③と⑤が政治の役割（主に議員＋知事）であり、②と④が行政の役割（知事をトップに職員）といえます。

もともとこれは連続した過程であるので、明確に線を引くことは難しいのですが、政治の役割とされる場面は公職が中心的な立場となり、行政の役割とされる場面は都庁の膨大な職員機構が担うと見てよいでしょう。

都議会は政策過程で、次の3点に留意すべきです。すなわち「③の政策決定の過程で決定の是非をめぐって激しい政策論争を交わしてきたか」「①の課題設定で議員らが都民の様々なニーズを吸収し政策化への強いリーダーシップを発揮してきたか」「⑤の政策評価について効率性や有効性をめぐり事業仕分けをしっかり行い、決算委員会などを活用して激しい論戦をしてきたか」です。

これからは官民の連携、新しい公共が重視される時代です。ＮＰＯや企業、都民らも、①の課題決定にとどまらず、④の政策実施、さらに⑤の政策評価についても積極的に参加することが求められます。

都政の政策決定――4つのパターン

都知事のもとで多くの政策形成が行われ、都議会等に政策提案が行われています。ところで政策形成はどのように類型化できるでしょうか。

筆者の分析では次の4つに類型化されます。矢印の向きが「↓」「↑」と異なっている点に注目してください。

①稟議制方式　知事↑政策会議（庁議）↑副知事↑事業局
②トップダウン方式　知事↓企画系局（特命）↓事業局
③諮問委員会方式　知事↓↑諮問機関（事務局）↓事業局
④側近ブレーン方式　知事↓政策担当（ブレーン）↓事業局

①稟議制方式

稟議制方式はいわゆるボトムアップ方式です。都知事がどのようなタイプであっても、都政の日常業務はこの方式で進められています。事務事業の執行権限を持つ「事業局」がまず起案し、それを順次関係部局に回議しながら組織間の合意を形成し、最終決定者である都知事の決裁を得て執行していきます。国、自治体を問わず日本の行政で長い間行われてきた方式です。

事業官庁の色彩が強い都庁は多くの行政事務を処理していますが、特に事業系部局のルーチン的な業務での意思決定や事業所など出先機関での決裁には、この方式が圧倒的に多く使われています。都庁職員の中には、「決裁」とはこの方式のみを指すと考えている者も少なくありません。

②トップダウン方式

トップダウン方式は、その名のとおり、まさに知事主導で政策化しようとする場面で使われます。都知事選などのマニフェストで都民に公約した政策や改革について、知事が政策企画局など企画中枢部門に政策形成を命じる方式です。例えば知事が「ディーゼル車規制を始めたい、条例ほか様々な政策手段を通じて数年後に実現したい」と指示すれば、政策企画局が窓口となり、環境局など関連する局を巻き込みながら政策形成していきます。

オリンピック招致をしたいといった政策テーマなら、各局からえりすぐった職員を集めて期間限定の「推進本部」といった特命組織をつくり、知事自身がその本部長となって、事務局長を窓口に各局を巻き込んでいきます。

3期目の石原都政では特定の副知事を責任者に指名し、高齢者向け住宅、東京メトロ・都営地下鉄一元化、大都市税制改正など各省との折衝事案を託す方式も見られました。いわゆる「チーム猪瀬」と呼ばれたトップダウン方式です。

③諮問委員会方式

諮問委員会方式は、ブレーン組織としてつくられた諮問委員会（呼び名は審議会、懇談会など様々）に知事が政策形成を委嘱する方式で、トップダウン方式の変形といえます。政府でもよく使われる審議会、調査委員会方式がこれに当たりますが、審議会以外は必ずしも法的な機関ではありません。

知事が学識者ら専門家を任意に集めて私的諮問機関をつくり、特定のテーマで立案を諮問します。そのうえで彼らが持つ学識を「権威」として庁内外に政策の正当性を主張していくやり方です。そこで答申を得たら条例、予算等の措置を行い、実行に移していきます。

庁内の体制は、知事に近い企画系局を事務局として関係局の部課長からなる幹事会をつくり、そのサポートのもとで諮問機関に情報を提供し、政策を方向づけていきます。

この方式には、在野の専門知識や経験を活用することで政策に専門性をプラスし、対立する社会集団の利害調整を図れるというメリットがあります。しかし一方で、人選がどうしても知事の好みに偏る傾向があるため、バランスのとれた政策とはなりにくいというデメリットもあります。

このほか、行政責任の回避に使われやすかったり、職員に待ちの組織風土が生まれて議会を軽視したりといった点も批判されています。多くの政策をこの方式に頼ると、組織全体に政策思考の発想がなくなり、人材も育たなくなります。

④側近ブレーン方式

側近ブレーン方式も、トップダウン方式の変形といえます。ごく少数の側近《ブレーン》にのみ都知事の考える政策の具体化を命じる側近政治の方式で、小池都政の特別顧問の重用もこれに当てはまります。

一点突破主義ともいえるこの方式は、庁内外やマスコミ、議会に情報が漏れることを避けるため、知事自らが信用できる数名の側近と秘密裡に政策案を構想し、記者会見で突然公表するというやり方が一般的です。その過程で、特に議会などには相談しません。特別顧問ブラックボックスともいわれるゆえんです。美濃部都政でも側近を使って突然政策発表を行う方式が採られましたが、石原都政での銀行税構想、さらには最近の小池都政での五輪施設会場の見直しや経費カットなどもこの方式の典型例といえます。

この方式は社会に強いインパクトを与えるという点ではメリットがありますが、1つ間違うと都民や都議会の反発を招きます。また関係業界などを敵に回してしまう可能性もあり、議会で条例や予算が否決されたり、実行の過程で業界団体などの強い反対運動に阻まれたりといった事態も覚悟しておかなければなりません。

さらに問題なのは庁内で決定後の執行命令だけを受ける職員が面従腹背の行動になりがちだという点などもデメリットも少なくありません。

豊洲移転問題を例に考える

それでは、実際の都政の政策形成あるいは改革をめぐる政策過程の動きはどうでしょうか。都知事と都議会、そして民間業者の対立から解決が難航している中央卸売市場の豊洲移転問題を政策形成の例として考えてみましょう。

「築地」という名称は、〝築地ブランド〟として全国的に知られています。中央区にあるその築地市場はこの20年間、移転か建て替えかで揺れてきました。

築地の移転問題は、鈴木都政時代の1986年にいったんは現在地での整備が決定されましたが、それには多大なコストと時間がかかり、もともと狭い土地であることもあって工事を中断しました。そして石原都政の1期目、2001年に都の卸売審議会が江東区豊洲の東京ガス工場跡地（40ヘクタール）への移転を提案。それを受けて同年、石原都知事が豊洲移転を決定し、２００２年には予算として用地買収費１２６０億円を計上しました。

ところが２００７年、東京ガス工場跡地の土壌と地下水から高濃度の汚染物質が検出されました。都は豊洲土壌汚染対策専門家会議を設置し、その調査でも調査地点４１２２カ所のうち１４７５カ所で環境基準を超える有害物質が検出されたのです。

豊洲には築地より敷地が広いという利点があります。しかし決定後に高濃度の汚染が検出されたことで、用地買収はストップ。専門家会議をつくり、①建設予定地の土壌を深さ2メートルまでそっくり入れ替える、②その表面に約２・５メートルの高さで盛り土をする、③市場予定地周辺を遮水性の板とソイルセメント（土とセメント混合）層で囲って汚染物質の移動を防ぐ、④地下水をくみ上げ基準値以下まで浄化する、という対策案を出してもらいました。これらの対策に

豊洲市場移転をめぐる動き

鈴木都政	1986年	都が築地現在地再整備を決定
	1991年	築地再整備工事が始まる
青島都政	1996年	築地再整備工事中断
石原都政	2001年	都が豊洲移転を決定
	2007年	豊洲で高濃度の土壌汚染を検出
	2008年	都議選で「移転NO」の民主党が第1党 「移転・再整備に関する特別委」設置
	2010年	経済・港湾委で初の参考人招致 新年度予算に豊洲移転費用盛り込む 石原知事豊洲移転を決断 年度内に豊洲移転用地を購入契約
小池都政	2016年	豊洲市場への移転延期を発表 建物に盛り土をしない地下空間 来年冬以降へ移転を延期

出典：佐々木信夫『都知事』（中央公論社、2011年）に一部追加

要した費用は586億円とも言われています。

たとえこれらの対策を実行しても、数年の間に定着した「豊洲の敷地は汚染されている」というイメージは払拭できず、〝築地〟ブランドが消えるとの懸念から、世論調査でも都民の反対が多かった。それでも自公に支えられた石原都知事は、汚染処理は可能だとして豊洲移転路線を推進し用地買収に入ろうとします。

都議会与野党逆転で一時頓挫

しかし、2009年7月の都議選での与野党逆転がそれに立ちはだかりました。移転反対と築地での建て替えを主張する民主党が第1党になり、もともと移転反対の共産党ほか野党勢力が過半数を占めたのです。

民主党ほか野党は築地の建て替え再整備案を用意し、移転案と戦う構えに出ましたが、2010年3月議会で民主党は知事との決定的亀裂を避けるため、知事提案の豊洲新市場予定地の用地買収費（1260億円）に賛成したのです。

ただ民主党の土壌汚染対策の万全化の付帯条件を飲み、これを受け、「土壌汚染対策技術会議」を設置。同会議が新市場予定地の盛り土を再調査した結果、汚染土壌の処理は可能という提言を行いました。

一方、民主党の提案を受けて現在地での再整備が可能かも検討。築地市場の移転・再整備に関する特別委員会で、民主党の提案についても協議します。これが同年9月の議会に報告されましたが、再整備案はいずれも10年以上の年月を要するものばかり。築地市場の利用業者からも待てないという陳情が出て、業を煮やした石原知事は豊洲予定地の用地買収の執行に動きます。しかし、現在地再整備の本格検討を並行して進めるべきだとする9月議会の特別委員会での決定を無視した形になり、石原都知事対都議会野党の対立は泥沼化しました。

移転か建て替えかで長い間揺れてきたこの問題は、結局、議会内の与野党の駆け引きで二転三転し、議会に決定を委ねたはずの石原都知事は、任期が残り少ないことから豊洲の用地買収を決断・決行します。その後、この決断が都民にどれほど重い負担をもたらすことになるのか、当時、本人も予想できなかったのではないでしょうか。

小池都知事の決断、その顛末は？

その築地市場の豊洲への移転。これが準備万端整い、2016年11月7日の移転を目前に控えた9月、小池新知事の就任によって「延期」となりました。その顛末は省きますが、果たしてこの先、5800億円を投じた大プロジェクトの豊洲市場に、いつ、どんな形で移転が実現するのでしょうか。

移転中止も匂わす小池都知事ですが、過去の経緯からして、そんなことはできるのでしょうか。移転は2017年冬とも、2018年ともいわれています。環境アセス次第とされていますが、どれだけ主体的に都知事が物事を解けるのか、注目です。

ともかくこのケースでは、都政の主要な決定者である都議会が、時々の利害でふらついたこと。都議会はどこまで頼りになるのか、都民にも執行機関の都知事にも大きな疑念を与える結果となっています。同時に、都知事があたかも権力者であるかのごとく振る舞ったとき、判断次第では都民に大きな被害をもたらすことになることもよくわかります。

都民は都知事・都議会という両政治機関に丸曲げするのではなく、マスコミも含めしっかり移転過程を監視すべきです。それは、他のプロジェクト、仕事の進め方についてもいえることでしょう。

第7章

豊かな都財政——危機迫る

都知事の財政権力

都知事は他の道府県や政令市の首長と比べ、飛び抜けて大きな予算編成権および執行権を持っています。都の予算規模は一般会計だけで約7兆円。これに特別会計、公営企業会計を合わせると約14兆円に達します（２０１６年度予算）。スウェーデンなど北欧諸国の国家予算に相当し、一般会計だけでも世界的な大都市であるニューヨーク市の予算規模とほぼ同じです。

わが国の予算規模は96兆円超ですが、トップの権力という観点からすると、議院内閣制を政治制度とする国の場合は、内閣総理大臣は実質において予算編成権もなければ執行権もありません。その権限は合議制の内閣に属します。それと異なり、独任制の大統領制のもとでの都知事は、実質において予算編成および執行権を一手に握っています。しかも都の場合、地方交付税の不交付団体で国の財源に依存する割合は少なく、財政収入の8割近くが固有財源（地方税）となっています。

時の都政において、どのような予算編成をするかは都知事の一存にかかっているともいえます。もとより人件費や福祉、医療、道路あるいは公共施設の管理といった毎年の経費が固定化している分野も少なくないため、すべてが都知事の裁量権に属するわけではありませんが、それでも国からの交付税に依存せず、ひもつき補助金も少ない都の場合、都知事の財政裁量は3割近いとも見られています。

このように財政から見た都知事の権力は、予算規模もさることながら、固有財源の占める割合の高さに源泉があるといえます。

都財政の特徴

東京都の財政には、次のような特徴があります。

①税収に占める法人関係税（法人事業税、法人住民税）の割合が高く、景気変動により税収が大きく乱高下する

東京都の予算規模（2016年度予算）

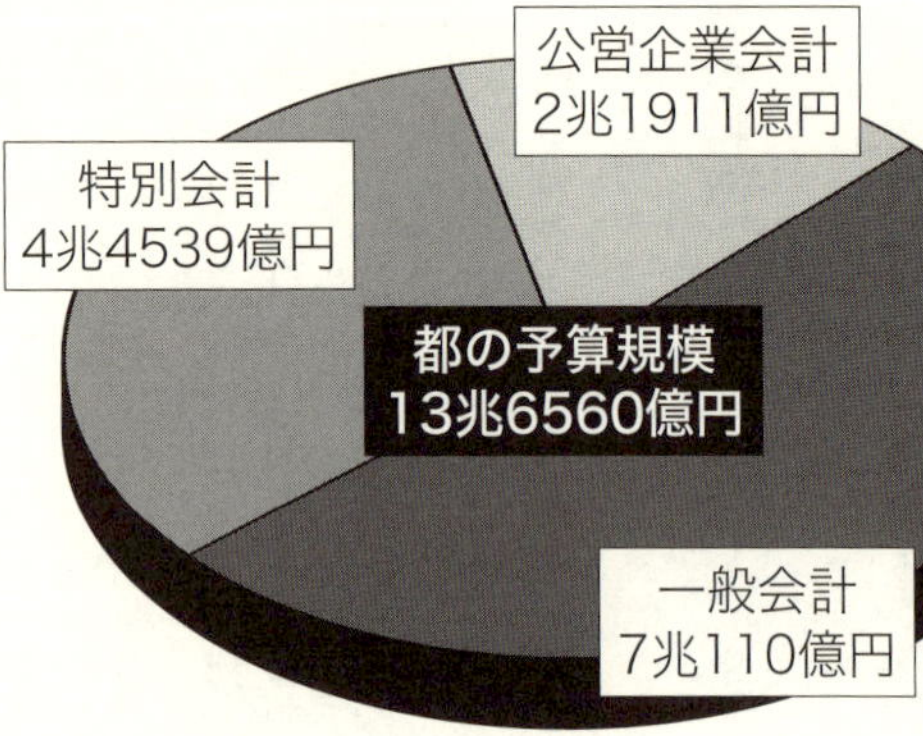

出典：東京財務局「東京の財政」（2016年4月）

②都市住民や企業が求める行政サービスは量的に巨大で、質的に極めて多様である

③大都市圏の中心自治体には周辺からの通勤、通学人口やビジネス活動の流入が著しく、それに対応した特殊な行財政需要が存在する

現在の東京都の予算規模は上の図のように一般会計、特別会計、公営企業会計の3つからなります。

最も新しい2016年度の財政規模は13兆6560億円です。内訳を3つの会計で見ると、税収を主な財源とし都民生活に直結する一般の事業経費を賄う「一般会計」が約7兆円、用地会計や港湾事業など特定の事業を扱う「特別会計」が約4・5兆円、水道、下水道、交通、病院など独立採算の事業を扱う「公営企業会計」が約2・2兆円です。話題の中央卸売市場の会計も実は独立採算性を求める公営企業会計に入るのです。

図にはありませんが、歳入で見ると、都税収入が5兆2083億円と歳入の74％を占めています。他方、歳出の総額7兆110億円のうち、政策的経費である一般歳出は5兆933億円（約73％）を占めます。政策経費の割合が圧倒的に大きく、裁量の余地のほとんどない他府県との違いはここにあります。

戦後3度の財政危機

ですが、その反面、都財政には景気変動に翻弄される弱さもあります。最近、五輪景気でその点はあまり話題になりませんが、この先はわからないのです。

好景気の局面ではともかく、不況局面に入ると、固有財源の約半分を占める法人2税（法人事業税、法人住民税）の税収減が著しく、都財政は深刻な財政危機に陥ります。都知事は予算編成に苦慮します。

例えば2009年度を見てみましょう。リーマンショックを契機とする景気後退による企業収益の大幅な落ち込みで、法人2税が4兆2867億円にとどまり、前年度に比べ約1兆円（9934億円）の減収となりました。約2割もの税収減は史上最大の規模でした。予算編成に難渋しています。

他の指標でもこの危機は明示的に表れています。わが国で1954年の地方交付税制度創設以来、一度も交付団体と判定されたことのない東京都が、2010年の交付税算定で初めて道府県分で財源不足（赤字）に転じたのです。

都の場合、他の道府県と異なり、交付税の算定は道府県分と大都市（区部）分を合算して示すので、大都市分が黒字であったこともあり、表示としては2009年度は3834億円の財源超過と示されていました。ですから、結果として都が戦後初の「交付団体」になることはありませんでした。しかし、それでも前年度に比べ7053億円の大幅減少となっています。それまで不交付団体だった横浜、名古屋といったほかの大都市も軒並み交付団体に転じました。大都市の場合、リーマンショックなど不況による税収減がいかに深刻かを表しています。

これまでも東京都は幾度も深刻な危機に遭遇してきました。それにどう対応したかといえば、美濃部都政末期に残した赤字は鈴木都政による徹底した減量経営(量的改革)で乗り切りました。青島都政末期に残した大幅な赤字はそれを引き継いだ石原都政の事務事業見直しなどの財政改革で乗り切りました。

鈴木都政後半は、バブル経済のときでもあり、財政についての裁量権を3割持っていたともいわれます。福祉を重視するにせよ、都市計画を重視するにせよ、自分の政治公約と政治理念に従って政策を組み立て得る財政的手立てが大きいです。

もっとも、だからといってそれが必ずしも、よい結果を生むとは限りません。潤沢な財政が、鈴木都政をハコモノ行政に走らせ、壮大な臨海副都心開発へ執心させました。それが長らく「負の遺産」として都財政にのしかかったのです。美濃部都政の後、財政再建に辣腕をふるった鈴木氏が、16年後に自ら財政危機の要因をつくり退陣することになったのは実に皮肉な結果でした。古い話ですが、この種のことはこの先いつでも起こりうるのです。

知事政権末期は必ず財政危機

こうした大都市財政の不安定性に比べ、他の多くの自治体では、なぜか財政危機が表面化しません。というのも、各自治体の財源不足は国が地方交付税などで補填する庇護的な制度下にあるからです。ですから、標準的な歳出を賄うだけの歳入がなければ、その差額は国の財源から補填してくれます。財政破綻が表面化しない仕掛けはここにあります。

ですが都の場合、戦後一度も国からの地方交付税を受けていない不交付団体です。好況期には東京富裕論で叩かれますが、不況期は誰も面倒を見てくれません。そうした中での財政再建をめぐる都知事の奮戦は他とは大きく異なっています。例えば、1年間に1兆円の歳入欠陥が生じたらどうなるでしょうか。歳出の2割近いカットをしなければ財政は持ちません。

もし一般会計で5％以上の赤字が生じれば「起債制限団体」（いわゆる財政再建団体）に指定され、事実上財政破綻の烙印を押され国の管理下での財政再建を求められます。北海道夕張市がそうです。都民税の大幅増税や使用料、手数料の大幅値上げ、その一方、職員削減や給与の大幅カット、公共施設の使用制限や廃止、福祉サービスなどの切り下げや有料化が実施されるでしょう。

都財政の危機を生み出す要因が、法人2税に大幅に依存する税財政構造に問題があるとして、幾度となく都知事は先頭に立ってこれを変えようと国と闘っています。例えば石油危機で不況が深刻化する中、借金の自由も認めない国の態度に対し、革新・美濃部都政は国の許可する起債許可制度が不当だとし、「起債訴訟」

で戦おうとしました。またバブル崩壊後の不良債権処理を理由に不当に銀行を擁護する国の態度を批判し、石原都政は財源確保をねらい自ら銀行税を創設し、都市銀行に年間1000億円の納税を迫りました。

こうした改革努力をしていますが、その割に大都市財政の改革は進みません。数年後に景気が回復する場合もあるなどして議論が立ち消えになりがちですが、それより大都市は富裕団体であるとの認識から都から財源を奪う税制措置が次々に行われます。法人税の一部を国が奪い取ったり、ふるさと納税で地方の納税を促すなどはその例です。小池都知事はこれでも国と戦うと言わないのでしょうか。

歴史は繰り返す

不思議なことに、都政をめぐる歴史は繰り返します。美濃部氏も財政危機のもとで都政を去りました。財政再建の神様といわれた鈴木氏も、そして無党派の青島氏もそうでした。バブル崩壊後の長期不況の中、都財政の危機打開を期待された石原氏も3期目が終了するとき、赤字財政への転落目前になりました。

このような結末を迎える理由としては、大きな財政裁量権を持つ都知事の政策判断のミスも皆無ではありませんが、それ以上に、景気変動に過敏に反応する大都市財政の制度そのものに問題があります。高度経済成長終焉の頃から指摘されてきた大都市財政の構造的欠陥は未だ解決の糸口すら見えません。それは国会を含め、国民全体が大都市は豊かだと決め付けているからではないでしょうか。

しかし、大都市は本当に豊かなのでしょうか。戦後70年を経て、大都市の様々なインフラは古くなり劣化し更新期を迎えています。それには膨大なカネがかかります。他方で、未曾有の少子高齢化も進んでいきます。「豊かさの中の貧困」が露わになることは明らかで、大都市財政のあり方を根本から見直すときです。

東京など日本の大都市が元気を取り戻す税財政制度の改革構想こそが、日本再生の切り札ではないでしょうか。

インフラの更新

戦後復興を経て成長してきた大都市東京も、社会資本ストックの更新や高齢化等に伴う社会保障費の増大に対応するための、この先財政支出増大の様々な課題を抱えています。

この先、社会資本ストック（道路、橋、上下水道、公園、公共施設など）の更新経費が増大していきます。高度成長期やバブル期に整備された社会資本や大規模施設が続々と更新期を迎え、今後多額の経費を要することが見込まれます。更新のコストは、新規の建設よりコストがかかります。というのも、既存施設を取り壊し、廃材、残土等を取り除いたうえで新規施設の建設に臨むためです。また老朽化に伴う耐震強度の補強の必要性も高いものがあります。

こうした更新のみでなく、次代をにらんだ積極的な公共投資も欠かせません。総じて高層化の流れにありますが、これを支える地下鉄、道路、上下水道など都市インフラの整備は広く都市経営の視点からしっかりした投資が求められます。

また、本格的な少子高齢化社会の到来に伴い、介護や老人医療費などの負担増が見込まれます。国全体で社会保障費が毎年1兆円ずつ増えていますが、国民の1割が暮らす東京も1000億円ずつ増加しています。高齢者の暮らしやすいまちづくりへの投資や保育施設のさらなる供給などその他の高齢者対策、少子化対策にもカネがかかります。

大都市財政は厳しい時代へ

日本は大都市財政の確立を構想すべき時期にあります。もとより、国家全体の視点に立つと、財源の配分がどのような姿であるべきか、それは東京など大都市だけでなく、都市と農村の関係、国と地方の役割分担をどう捉えるかという根本問題までさかのぼった議論が必要です。

東京都のような豊かな自治体と、地方の貧しい自治体との財政力格差が行政水準や税率格差に直結し、それがさらなる人口移動を引き起こすといった「負の連鎖」が現実味を帯びる可能性もあります。

結果、行政サービスが高めの東京都により多くの人口が移動し、東京圏全体が現在の3500万人から5000万人まで増えると予想する向きもあります。これでは超過密の引き起こす問題に大都市は対応できなくなるでしょう。国全体の視点からの分散政策を組み込んだ財政調整のしくみをしっかり構築しなければなりません。

郊外地域から空洞化、崩壊

もう1つ、大都市の内部の構造変化も問題です。

これまで〝大都市は豊かである〟と見られてきたことで、国は都市政策には熱心にならず、大都市制度にもあまり関心を示しませんでした。むしろ、地方の過疎、格差是正に政治は注力してきました。日本では高度成長期、ひたすら人口集中の受け皿として郊外にニュータウン開発を進めました。実はそれが今、壮大なムダを生み大きなツケとなって大都市周辺部の自治体を襲っています。

郊外に移り住んだ人たちが、ここにきて一斉に定年を迎え、地域へのデビューを期待されながら、退職者は「キョウイク」と「キョウヨウ」を求めさまよっています。誤解のないよう解説しておきますが、前者は「きょう行くところがない」、後者は「きょう行く用事がない」という意味です。

ともかく、働きバチとされた彼らが所得を失い、年金生活に次々と突入していく中、居住地の市町村は住民税が入らなくなり、次世代との同居もかなわず、福祉・医療の充実した都心への転居が増え、急速に空き家が目立つようになりました。結果、地価が下落し、地元自治体には固定資産税すら入らなくなります。

一方で、居住する人たちへの医療、福祉、介護等のサービス費用はかさんでいきます。この先、75歳以上の人口が多くを占める、いわゆるベッドタウンを抱える周辺部の自治体は、こうした「負の連鎖」に苦しむことになります。

大都市は豊かである——という時代の終焉です。かつてニューヨーク、ロンドンも「大都市の衰退」を味わいましたが、それは都心空洞化でした。日本のこれからは周辺部の空洞化という新たな形の大都市の衰退です（参考・三浦展『東京は郊外から消えていく』光文社新書）。

にもかかわらず、依然日本の政治は大都市に対する危機意識が乏しいままです。いまだに大都市を投資先、成長の牽引力と思っています。ですが現実は違います。特に衰退が顕著な大阪などは問題が深刻であると見て、統治機構が改革に立ち上がり始めました。

税源をめぐる国と地方の駆け引きという従来の構図を超えた、本格的な都市国家にふさわしい税財政のあり方を構想すべき時期にきています。小池都政はそこに手をつけることができるでしょうか。大都市経営者として大都市財政のあり方を変えることができるかどうか、力量が問われるところです。

第8章

東京23区とその将来

東京23区は富裕団体?

他道府県の知事と違い、都知事は知事と市長という2つの性格を持つことは既に解説しました。といっても、知事が市長を兼務しているわけではありません。都は府県の役割を果たす一方、上下水道や消防、交通といった市の業務も担っているということ。これは都制度によるものですが、税財政でも本来は区の固有財源となるべき固定資産税等を都が徴収し、45%を都の財源とし残りを23区に配分しています。東京の自治制度の特徴はこの都区制度にあります。

戦時中(1943年)に府・市の合体で始まった都制は戦後変質しますが、長らく23特別区は都の内部団体とされてきました。戦前の都制の残影を引きずる集権的な都区関係が、地域主権が語られる現代社会に合うのかどうか、少なくとも石原都政以降、都区制度は目立った改革はありませんでした。

自治権の確立を求める特別区と、大都市の一体性を強調し区部を一元管理しようとする都とのせめぎあいは現在も続いています。国は自治体に対し「均衡の原則」と「自治の原則」をバランスさせることに腐心してきました。都のいう「大都市一体性論」も実は似たような話で、23区間の均衡の原則を重視する立場からの主張なのに対し、各区が主張する自治権確立は自治の原則を重視する立場からの主張といえるでしょう。

都はいつどの段階で大都市一体性論から決別できるのでしょうか。実際を見ると23区には格差が存在します。区側が自治の原則を主張すればするほど、均衡の原則を確保することは難しくなるでしょう。

ただ、国税が潤沢に徴収される東京区部は、日本全体から見れば内部格差はともかく、全体としては富裕団体ではないでしょうか。「コップの中の嵐」を続けても存立基盤は揺るぎません。ですから都区関係や23区の権限配分、財源配分の議論は「甘えの論理」以外の何物でもない、厳しい見方も地方にはあります。だから、いろいろな形で財源を奪い取ろうとする。

とはいえ、23区は市ではありません。自治権の制限された自治体です。首都を代表する「市」がない国はありません。オリンピックの開催都市はどの国でも市ですが、なぜか戦後70年以上経つ日本ではいまだに「都」が名乗りを上げる始末です。こうした戦後改革の未決算部分をどう考えたらよいのでしょうか。

東京特有の大都市制度

今、東京だけにしか適用されていない自治制度、それが都区制度です。地方自治法第281条が定める「都の区は、これを特別区という」とは東京23区がそれにあたります。この特別区という制度は他の大都市に適用されている政令指定都市の行政区とは異なり、自治体ですが、特殊性もあり独特の大都市制度なのです。

日本の自治制度は1889年の「市制」「町村制」、翌年の「府県制」施行に始まりますが、このときから東京、京都、大阪は、日本を代表する政治・経済の中心地であったことから、一般の市町村とは異なる扱いが行われてきました。

東京市は大阪市、京都市と並んで市制特例が適用され、市長は府知事が兼務するなど自治権が制約されていました。また東京府の旧15区は財産区とされ法人格が与えられていました。区会はありましたが、東京市の内部団体とされていました。この市制特例が廃止されたのが1898年10月です。市長は市会が選ぶようになり、東京市も一般市となりました。これを自治の記念日として、現在でも10月1日を「都民の日」と定めているのです。

巨大都市東京の行政制度をどうするか、歴史的にも、実際上も紆余曲折を経ており、「これでよし」というところには落ち着いていません。いまなお改革を必要としています。

戦時体制が厳しさを増した1943年には東京市そのものが廃止され、東京府と合体し「東京都制」が誕生しました。府知事に代わり、東京都長官が国から派遣され、区部まで統治することになりました。

特別区と政令市の行政区との違い

	法人格	長の選挙	議会	条例制定権	課税権
特別区	○	○	○	○	○
市	○	○	○	○	○
政令市の行政区	×	×（市長が任命）	×	×	×

戦時下で首都を防衛し（帝都防衛）、戦費を捻出するため二重行政を解消する目的で都制は生まれました。

戦後、1947年の地方自治法制定で自治体としての特別区が誕生した旧東京市域の内部にあった行政区35区は合併統合され23特別区になり、現在まで続いています。

東京都の23特別区は、同じ呼称の「区」を使っている例えば大阪市24行政区とは性格が全く違います。次の表には対比表を掲げましたが、行政区は市の出張所に過ぎない一方で、特別区は市町村と同じように公選首長、公選議会を有する基礎自治体なのです。特別区がある区域は、900万都民が暮らし、1000万人を超える人々が活動する巨大な大都市地域です。

このため、他の大阪や名古屋、京都のように政令市という1つの基礎自治体（市）がこの地域全体を受け持つのではなく、23特別区それぞれが基礎的な行政の役割を担い、広域自治体である東京都と役割分担し、なおかつ相互に連携して東京大都市地域の行政に責任を持つ特別な大都市制度となっているのです。特別区と政令市の行政区は全く違います（前のページの図を参照）。

上下水道、交通、港湾、消防など広域的な行政は都が担い、揺りかごから墓場までの基礎的な行政は特別区が担うといった関係で、その役割分担のもとで都と特別区の間に財源を調整する財政調整制度というものがあります。

大阪都構想と特別区

1年半ほど前、2015年5月17日に世間が注目した日本初の大型住民投票、「大阪都構想」の賛否を問う住民投票が大阪市民270万人の手によって行われました。大阪市を廃止し、広域行政は府に移管し、基礎行政は市内を5つに分割した特別区として独立させるという大阪都構想の賛否を直接市民に問うためのものでした。

投票結果は賛成約69万票、反対約70万票とわずか1万票の差でしたが反対票が上回り、大阪都構想は最終局面でストップすることになりました。それを公約として大阪府知事4年、大阪市長4年にわたり推進してきた橋下徹氏は、責任をとって市長1期目の任期満了と共に政界を去りました。2015年12月18日のことです。

賛成票が上回っていたなら、今ごろは「大阪都」が誕生する話題で持ちきりになっていたに違いないでしょう。東京一極集中の緩和、地方創生をねらいに政府諸機関の移転を掲げる安倍政権も大阪の動きを強く後押ししていたでしょう。副首都の形成も俎上にのぼったでしょう。その際、首都である東京都はどんな動きをしていたでしょうか。協議だけが延々と続いている「都区制度改革」についても、何らかの動きが始まっていたかもしれません。

もとより、この大阪の改革は一時中断しましたが、もう一度動き出す様相にあります。2018年4月の統一地方選に合わせて「大阪副首都構想」を加えた形で、大阪都構想実現への住民投票がもう一度行われることになる模様です。

筆者はこの4年余、大阪都構想の設計、そして大阪副首都構想の設計に特別顧問として関わってきましたが、どんな大都市制度が望ましいか、いろいろ思いをめぐらしているところです。

そこで東京の特別区長会会長（西川太一郎氏）が「うらやましい！」と評した大阪の都区制度の設計について、東京の現状と若干対比しながら、東京の都区制度の改革が進む方向を示してみたいと思います。

児童相談所の移管は可能

いま児童相談所の移管が問題になっています。既に児童相談所の区への移管については20年以上前から都区間で協議され、一定の合意が生まれていますが、実際には、法律の壁などもあり、実現してきませんでした。そうこうしているうちに、区部も含め全国での児童虐待数が7万人を超える勢いにあります。

あわてた厚労省は2016年3月、児童虐待への対応を強化するため、新たに東京23区（特別区）にも児童相談所を設置できるように、児童福祉法の改正案を通常国会に提出し可決しております。

これまでの児童福祉法では、都道府県と政令市に最低1カ所、児童相談所の設置が義務付けられ、2006年から中核市も設置できるようになっていますが、財政面の課題や専門職員の不足などから中核市の設置は金沢、横須賀の2市のみです。特別区についてはこれまで法規定がなく、各区は児童相談センターなどでの初期対応にとどまり設置できなかったのですが、ここにきて動きは急になっています。

特別区長会は3年前、「特別区児童相談所移管モデル」を作成し、すでに準備が始まっていますが、問題は都が移管に応ずる動きにないことです。

東京の都区制度改革の「ねじれ」現象

都区制度改革については、1975年の区長公選制復活後に限定しても、都区間には様々な動きがありました。ただ、そこには双方の「求めるものの違い」もあり、めざす方向が共有されるところまでは来ていません。

端的にいうと、自治権の確立を求める特別区側と、大都市の一体性を強調し区部を一元管理しようとする都側とのせめぎあいから、なかなか都区制度改革が大きく前進しないということです。

政府は全国の自治体に対し分権化一辺倒ではなく、「均衡の原則」と「自治の原則」をバランスさせることに腐心していますが、同じような構図が都区間にもあります。都のいう「大都市一体性論」は23区間の「均衡の原則」を重視する立場からの主張なのに対し、各区が主張する自治権確立は「自治の原則」を重視する立場からの主張であり、どちらに重点を置くかがかみ合っていないということです。

どの段階で都は大都市一体性論から決別できるのか。実際を見ると23区間には大きな格差が存在します。区側が自治の原則を主張すればするほど、区間の均衡の原則を確保することは難しくなるでしょう。

そこで都側は、区域の再編を含む一定規模の確保を要求します。人口50万人以上の区に再編すべきだと。しかし区側は合併を伴う区域再編に消極的な姿勢にあります。もともと事務配分のあり方は区域のあり方を前提とするものではないという立場です。人口規模だけで語れませんが、戦後1区20万人、区部400万人の想定で始まったこの制度が内部的に大きな矛盾をかかていることは事実です。

東京都区制度と大阪都構想

ともかく現在、都と23特別区との関係に見られる、①業務上の特例の存在、②税財政上の特例の存在、さらに③都は府県行政に純化できず、区は基礎自治を完結できない、という問題は解消する方向をめざすべきです。

現在の都区関係には、①双方の役割分担が不明確、②住民に対する行政責任が不明確、③都は広域自治体としての大都市行政が弱い、といった批判がつきまといます。改革が進みにくい背景には、歴史的に形成されてきたこれまでの構造を簡単にはリセットできないという点があります。

その点、大阪都構想に見る大阪の都区関係は設計上の後発の利益というか、しがらみのない中での制度設計だけに、白地に絵を描くように理想形に近い設計となっています。東京の都区制度改革のモデルは、実は大阪都構想にあるといっても過言ではありません。

その大阪都構想は、府市の二重行政の解消、都市戦略の司令塔一本化などをねらいに「大阪市を解体して特別区を設置する統治機構改革」構想です。大阪市が担う事務のうち、広域行政は大阪府（都）に移管します。一方、大阪特別区は「中核市」の規模と権限を持つ基礎自治体とするという像が明確に描かれています。公選制の区長と区議会を置く人口34万〜69万人規模の5特別区が福祉、教育などの住民サービスを担い、一方、成長戦略や産業政策は府（都）に一元化するということです。

大阪都構想にヒントがある

東京の都区制度と大阪の描く都区制度（構想）の違いは、大きく2点あります。大阪の場合、1つは特別区を中核市並みの権限を持つ自治体とすること、もう1つは都区財政調整の財源に調整3税に加え、国からの地方交付税を算入していること、です。東京の都区制度改革の今後に参考になるのは、前者の中核市並みの権限を持つ特別区の姿でしょう。

まず事務配分について、大阪の特別区（案）は「中核市」の権能を基本に据えています。東京の特別区は保健所の設置など中核市の権能を一部有していますが、原則は一般市町村の権能を有しており、府県の役割の半分程度を市に移す中核市並という大阪の特別区の方が東京特別区より強い基礎自治体といえます。もちろん、東京の都区間でも協議としては大阪に近い形の議論が行われてきていますが、規模にばらつきがあることなどもネックとなり、進捗は見られません。

府県行政の半分程度を市に移す中核市並みというのは、ある意味、現行法制度の中でギリギリここまでが基礎自治体を強化しようとする場合の「特別区」像といえるでしょう。東京の場合、既に中核市の業務のうち、保健所などの設置は行われていますが、中核市が持つ児童相談所など「こども・福祉」「教育」「環境」「まちづくり・都市基盤整備」等の領域で大幅な権限委譲は未だ行われていません。これからの東京特別区は、各区を中核市並みにするというのが改革像だと考えます。

もう1つ、大阪都構想と東京特別区との決定的な違いは、まず事務配分が中核市並みになっている関係で都（府）区間の財政調整財源の配分が特別区側に大きく配分されていること（都が23％、区が77％）、一方で調整財源に国からの地方交付税が一部充てられるなど、不交付団体である東京都区間に見られない特徴があることです。

もし、愛知県、名古屋市等で都構想を検討する場合も、都区財政調整が必要な場合は大阪モデルが参考となるでしょう。

もちろん、東京の都区間の改革についても、基礎自治体優先の原則を踏まえ、都が実施しなければならないもの以外は、特別区が担うことを前提に都区合意が生まれています。その点、「中核市」並みの権限という制度構想の部分を除くと、東京の都区合意は実現可能な制度設計となっています。

ですが、人口規模に5万人から90万人と大きなバラつきのある東京特別区の現状からして、規模の再編を全く行わずして、人口20万人以上の中核市モデルを適用する都区制度改革は難しいという見方も成り立つでしょう。

確かに１９４７年の特別区制度発足後、区間の人口規模の格差は約4倍から約20倍に広がり、財政規模についても約2・5倍から5倍へ広がっています。その点、規模再編を視野に入れることには妥当性があります。

しかし、東京の各区の実力して、区の地域再編をせず、まず権限、財源を都から区へ移すことで実力をつけさせることが先決ではないでしょうか。

いずれ東京の大都市制度は、東京都の役割を縮小しながら、基礎自治体である特別区の役割を強化拡大する方向へ進むことになるでしょう。そうしなければなりません。地方分権の時代です。その際、都という府県制度から1都3県で「広域州」に格上げし、東京圏行政を一体化するという、東京州実現道州制移行も視野に入ってくるかもしれません。筆者はそこを主張する一人です。人口減少時代の大都市制度のあり方を都と区、そして国は真剣に議論すべきときが来ています。

小池都政が社会的評価を高めていくには、こうした大都市内分権、とりわけ都区制度改革に大きく踏み込み前進させることです。小池都知事の見識と真価が問われるところです。

終章

東京の政治——大きな振り子

振り子の論理が働く都政

めまぐるしく都知事が代わる変動の激しい東京の政治ですが、1つ注目すべきは、2017年の夏に行われる都議選です。現在の都議会は自公与党（以前の）で過半数を超える勢力を持っていますが、小池新党云々もいわれる中、どのような選挙になるのでしょうか。都議選は国政選挙の先行指標ともなりますが、それ以上に今後の小池都政が安定軌道に乗るかどうかを見るうえでも重要な選挙です。

争点としては小池都政の進める都政改革のあり方、「老いていく東京」の社会保障のあり方、上下水道、道路、橋、地下鉄など老化インフラの更新、木造住宅密集地帯の再開発、首都直下地震への対応など防災のあり方、2020年のオリンピック・パラリンピックへの準備、さらに所得格差をはじめ年代格差、地域格差、労働格差など根深い「格差問題」への対応も問われるでしょう。

都政の場合、歴史上、次の図のように経済重視・ハード重点か、生活重視・ソ

都政の振り子

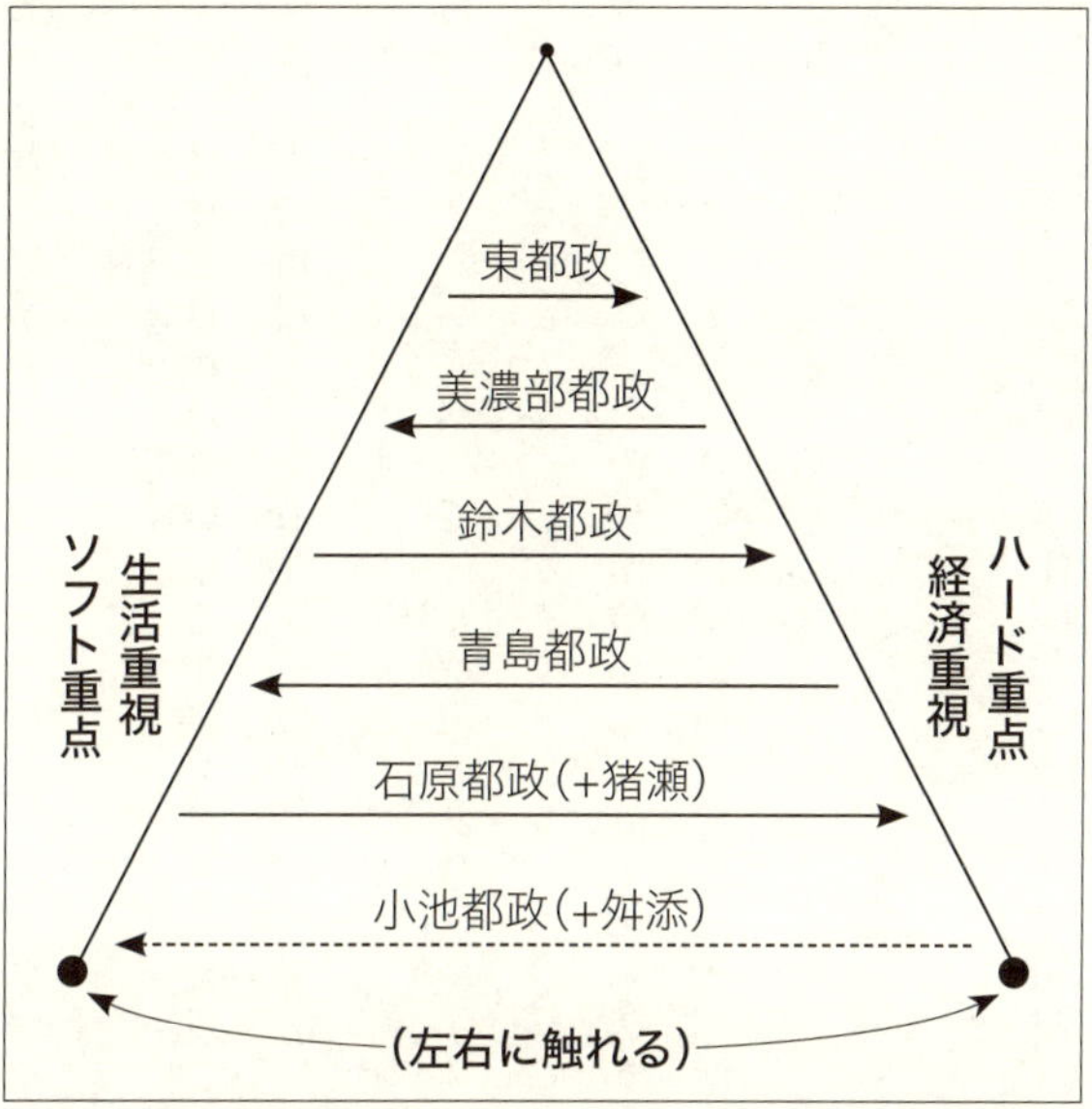

出典：佐々木信夫『都知事』（中央公論社、2011 年）に一部追加

フト重点かで時々の都知事の政策スタンスが変わっています。石原都政が経済重視・ハード重点だったところからすると、舛添都政が手を掛けた生活重点・ソフト重点が小池都政に課せられた時代的使命のように思われますが、実際この先どんな政策を打たれるのでしょうか。

都政を考える場合、1つの大きなターニングポイントを迎えるのは2020年という年でしょう。

まず、2020年は、東京で戦後2度目のオリンピックが開催されます。コスト削減などで混乱しがちな最近の都政事情ですが、国威発揚型の大規模公共投資の豪華オリンピックにしていく必要はないでしょう。むしろロンドン五輪がそうであったように、成熟していく都市のあり様を示すコンパクトで質の高いオリンピックにすることです。しかも、オリンピック後までにらんだ新しい東京づくりのテコにしていく、その都市政策の方向そのものが問われていることです。

もう1つは、2020年を境に東京は人口絶対減少社会に入ります。4人に1人が65歳以上の高齢者になっていくのですから、これまでのように、大都市は「若者が集う場である」という発想だけでまちづくりを考える時代ではなくなります。

喫緊の問題として約8000人の待機児童問題にどう対応するべきか。保育所、保育士確保や相当数いるとされる潜在的待機児童（約10万人）の顕在化にどんな手を打つべきか。もとより、この問題に対する都政の権限・役割は限られており、区市町村が主役となって問題解決に動けるかどうか。区市との連携を含めてリーダーシップの発揮が期待されます。

医療、介護、福祉など社会保障が重点政策になることは間違いないですが、同時に建設から既に40～50年経った劣化の著しい首都高や道路、橋、上下水道、学校といったインフラ、多くの社会資本を取り代えるのに膨大な投資が必要となってきます。

また防災も重要です。ただ、防災というとすぐ津波や地震から都市を守る要塞のようなコンクリートで固めた都市づくりをイメージしがちですが、むしろ減災都市をめざすべきです。つまり、緑の森を増やし、大都市とはいえ企業も含め相互に助け合い、いたわり合う人間の絆を深める防災対策も重要でしょう。減災、そして避難に向けた企業協力による防災対策が重要ではないでしょうか。

筆者の目にする東京は、先進諸国ではあまり見かけない、歩道橋の多い、都市景観に欠ける都市のように映ります。これまで自動車が急増し、交通事故を防ぐという理由から、多くの交差点に歩道橋をつくることは必要でした。しかし時代が大きく変わっています。

生活者優先、ソフト重視の温かみのある都市づくりをめざす時代認識からすると、むしろ「歩道橋ゼロ社会」をめざすことではないでしょうか。そのことが防災上も、景観上も、さらにお年寄りに優しい街づくりの面にも通じる都政ではないでしょうか。小池知事が主張する無電柱化をめざす、美しい景観都市・東京のあり方も問われます。

財政の長期展望も見落とすな

2020年はすぐやってきます。小池都知事は、4年の任期の中でこの2020

年問題にどう対応するのでしょうか。一部の有識者に依存する都政ではなく、役人任せでもない、開かれた都政運営を行うため、外部の英知を結集する「大都市ビジョン懇談会」をつくり、東京大改革へ向け本格的に政策論議を進めるべきです。

ただ、1つ別の角度から警告しておきたいことがあります。こうした膨大な行財政需要を賄う都政において、都知事選でもそうでしたが、誰一人として財政問題を議論しなかった点です。一般に東京は豊かだという幻想を持ちがちですが、決してそうではないということです。

経済が好調で景気がよいときはともかく、一転して不況になると、税収は大幅にダウンし、時には1年間で1兆円も税収が落ち込み、財政危機が襲ってきます。アベノミクスで景気が上向いていると喧伝されますが、実際、経済成長は20年間ゼロ社会です。都議選が近づくと、「あれもやります、これもやります」と「サービスは大きく、負担は小さく」とばかり、バラマキのようなサービス合戦が始まります。有権者が注意しなければならないのは、そうした「負担は小さく」「サービスは大きく」といった魔法使いのような政治はないということです。小池氏がハロウィンで扮した魔法使いサリーちゃんなど、どこにもいません。

おそらく2019年、消費税が10%に値上げされる頃から、都財政は大幅な税収減と財政危機が表面化するのではないでしょうか。それに備えた財政健全化の戦略をしっかり組むことも、新しい都政にとって待ったなしの課題です。小手先の、目先の、耳に心地のよい施策ばかり並べるのではなく、ここは腰をじっくり据えた長期展望を持つことです。そのうえで大都市東京のゆくえを見定め、都民の安心、安全、快適な生活と命を守る、世界に羽ばたく東京をめざすべきです。

長期展望なき都政は、やがて都民から見放され、政治リーダーの交代にまで発展します。そのテンポが速まっているのが最近の東京の政治なのです。

争論1　都議選を考えるQ&A

２０１７年夏には都議選があります。それをめぐっての争論を書きます。

Q1. 小池都政で9月以降、この12月と本格的に議会が始まっています。当初、ガチンコ議会になると論戦を期待したのですが、「静かな議会」「論戦が低調な議会」という印象を受けます。どうなのでしょうか。

A1. 確かに論戦は低調ですが、小池都政になって国会や国政に比べ、マスコミの注目度が高まっています。都知事の定例会見を毎週、全国ネットを持つテレビのキー局が全国中継をするなど、見られなかった光景です。

もっとも、これの始まりは舛添問題がクローズアップされた２０１６年の４月以降の話ですが。

5年前、石原氏が4選する直前に東日本大震災が起こり、都からの復興支援で都政の評価は高まりましたが、石原都政自体は尖閣諸島を買うといった話題以外、新規政策がなく都政は低迷した感じでした。

石原氏は4期目の1年半で突然辞任。それを引き継いだ猪瀬都政は2020年五輪招致を決めました。ただそれ以外、たいした話題はなく、政治とカネで失敗し1年で退陣。その後の舛添都政も「何をやりたいかはっきりせず」「豪華海外出張」などが目立つ始末。公私混同疑惑など、やはり政治とカネで失敗し、2年4カ月で辞職しました。

確かに集中審議や百条委員会の設置で迫るなど、両知事を退陣に追い込んだのは都議会でしたが、これも政治とカネの問題が浮上してからの話です。それまでは「自公与党は知事と一体化」している感じで、存在感があまりありませんでした。127名の議員がいながら、都議会の存在自体が疑問視された頃もありました。

Q2．全国的に地方議会はそうなのでしょうか。まもなく都議選ですが、議会のあり方の何が問題なのでしょうか。

A2．全国的に地方議会のあり方が問われています。富山市議13名が政務活動費の不正支出で辞職に追い込まれるなど、どうも「地方議員の値」を下げる活動ばかりが目立ちます。もちろん、中には議会改革に熱心な自治体もありますが、全体としてみると、議会不信が滞留している感じがします。2017年の都議選では議会改革のあり方でしょう。それは大きく5点になるのでは。

①議員定数が多すぎないか
②議員報酬が高すぎないか
③都議会は役に立っているのか
④政務活動費は第2生活費ではないのか

⑤なぜ民意を反映しないのか

議会の規模も関係あるのかもしれませんが、都議会は都民から〝極めて遠い存在〟になっているのではないでしょうか。税金の使い方が問われた舛添問題が起きて以降、現在の小池都政になっても都議会の傍聴席が満席になる状態にあり、このこと自体は大変よいことですが、しかし、わざわざ傍聴に来なくとも、常に関心を持ってもらう工夫、努力の方がより大事なのではないでしょうか。

それには代表質問、一般質問が生きた質問、知事らと闊達な問答になるような形に変えていかなければなりません。従来のようにアンダーテーブルで、事前に質問を通告し、時には答弁まですり合わせて本会議に臨む形では、どこかの知事経験者が喝破したように「学芸会」のようになってしまいます。質問者も一言一句間違わないように紙に書いた原稿を読み、答弁者も同様に原稿を読みます。小池都政はこれを変えると意気込んでいますが、議会側が変わるかどうか。

これでは何が「議会は言論の場」なのかわかりません。いつの間にか「儀式」「セレモニー」の場に変質しています。国会の風景も似ていますが、国会の真似をする必要は全くありません。生活の息遣いが聞こえるのが地方自治の現場です。その息遣いを議場に持ち込んで、飾らず、日常の言葉で論戦する、それが地方議会の姿でしょう。

ここは議会自身、首長ら執行機関自身、相互に変わる努力をしなければ変わりません。小池都政は事前の「根回し」をしないとしていますが、一方的に廃止するといった、そういう問題ではないでしょう。事前の説明は必要ですし、十分理解をしたうえで、争点を掘り下げることです。それには議員自身、会派自体が相当勉強し準備をしてかからないと鋭い論戦にはなりません。

Q3. 議員報酬はどう考えたらよいのでしょうか。ただ、都民サイドからは「高い」、議員サイドからは「安い」と水かけ論争を続けていても、本当に適切な議員報酬はどれぐらいか、の答えを見つけることはできないのでは？

A3. 5年前、議員報酬と定数の半減を掲げて市長と議会が争った「名古屋の乱」がありました。最終的には住民の直接請求で議会解散まで行われましたが、あそこで問われた根本的な問題、「議員の報酬、身分の扱い」については東京でも問われています。

都議の月額報酬約102万円というのは都庁の条例局長の給与とほぼ同じ額です。年俸換算で1700万円近い報酬と年間720万円の政務活動費、それに実費弁償が支給されています。合計2500万円近い待遇、これは国会議員並みといってよいでしょう。

しかし、地方議員は非常勤の特別職です。常勤の国会議員と違い、兼業兼職も自由ですから、国会並みという方がおかしいです。

そもそも「報酬」というのは、労働日数に対し支払われる「日当」なわけで、一般職公務員のように生活給（給与）を出しているわけではありません。給与と錯覚している議員がほとんどですが、それは違います。国会議員の歳費（常勤特別職の給与）とは全く性格が違います。

報酬ですから、仮に都議会だけの活動が100日だとすると、報酬の日割り計算で17万円になります。この数値を見て、一般都民の生活感覚と合うと思うかどうかです。もちろん、都議は事実上、議員職専業の人が多いので、活動日数はこれにプラスした計算が必要とは思いますが、その根拠を示す必要があります。

この度、小池都知事が「身を切る改革」として給与を半減しました。都議会には自分たちの報酬も下げないと選挙が怖いと動揺する動きもありますが、都議は何もこれに準ずる動きをする必要はないと思います。ただ、そもそも都議の報酬はいくらが望ましいかが問われたことはありません。名古屋で市議会を解散してまで市議の議員報酬を半減にしましたが、5年後のいまは元に戻っています。都民が納得できる報酬のあり方はいま東京でも問われているのは事実です。

この先は、モノサシをつくることです。東京の姉妹都市であるニューヨークでは、市内で働く勤労者の平均所得の上位20％相当の額を、政治リーダーに敬意を表する意味から市議の報酬にするといった考えが採られています。日本にはこうした哲学、根拠がありません。とするなら、都議会が先頭に立って、ニューヨークを参考に都議報酬を一度見直してみたらどうですか。現在の年俸１７００万円は妥当かどうか。ただ、あまり安くすると、安かろう悪かろうの人材しか立候補しなくなりますので、そこは要注意です。

Q4. 日本でいま、地方議会の「政務活動費」が問題になっていますが、これは何のためにつくられた費用なのでしょうか。またその金額、支出項目はどうあることが正しいのでしょうか。

A4. 政務活動費はもともと15年前に、地方分権の時代が始まり、国会に代わって地方議会が決定する行政の仕事が増えたので、国会の立法調査費に準じた費用を地方でも興すべきだということで、政務調査費として議員立法で制度化されたものです。

ですから、これは地方議会が法案審議や提案など制度化した立法調査活動のための費用という趣旨です。しばらく政務調査費と呼んでいましたが、この政務調査費だと使い道が限定されているので使いにくいという声を受けて、国会が議員立法で2013年に法改正を行い、支出項目に「その他」を加え「政策活動費」にしたのです。そこから余計、使い方がおかしくなりました。

自宅の部屋を事務所だと称し事務所費をとる、パートの職員を雇い人件費だ、パソコン、コピー機、携帯電話など様々な機材を買い入れ機材費だ、およそ選挙用としか思えないような自分の活動ビラを大量に刷り印刷費だ、車での移動に必要なガソリン代も政治活動のためだ、としてすべて政務活動費から引き落とす者が現れました。

しかも富山市議会などは事前に支給されたカネは全部使い切るようにし、領収書を改ざんして辻褄を合わせる始末です。こうしたおよそ立法調査研究の費用とは思われない支出が7割も8割も占めるような地方議会まで現れました。

13名も辞職せざるを得なかった富山市議の手口はみなこれです。「使い切り」「事前渡し」「領収書なし」など、自分らに都合のよい処理が全国的に蔓延してしまっています。これだと、舛添前都知事に問われた、衣食住の多くに公金を充てて批判された「公私混同疑惑」と同じになります。

全国で一番金額の多い、1人当たり年720万円も支給されている都議の場合、果たして類似の処理が行われていないかどうか、都民から疑われても仕方ないでしょう。ここは透明性のある説明を都議会は行うべきです。

不正防止には、第1に透明性を高めることです。都民に対し、収支報告書や領収書の本体を全面公開すること。第2に事前の支給をしないこと。前もってカネを渡すやり方はなくし、すべて領収書を添付のうえ、実績払いに改めることです。

第3にその領収書を含め、支出内容について第三者のチェック委員会で3カ月ごとに監査すること。第4にこの経費を使ってどんな成果があったかを毎年文書で提出し、定期的に公開の政策発表会を開くことです。

Q5. もう1つ、都議会は都民の役に立っているかの論点はどうですか。ずばり、都議会はどう変わるべきでしょうか。

A5. ここが最も大事な点です。都知事と都議会を対等の政治機関として公選する二元代表制は、都議会に次の4つの役割を求めています。

①政策や予算の決定者
②執行機関の監視者
③政策や条例の立案者

④有権者の民意集約者

これまでの都議会はチェック機関としての意識、②の監視者という役割意識が強いものでした。しかし2000年以降、地方分権が進み、多くの権限が自治体に移されて、都議会は都政全体の決定者に変わっています。監視者に加え、決定者、立案者、集約者としての役割が重要になっています。

そこで、都議会はこう変わるべきです。まず各議員は、単なるチェック機関ではなく、都政をリードする政治機関こそが都議会だという基本的な認識を持たなければなりません。議員同士で深く議論し、すべての議員が必ず政策提案を行い、定期的に都民に議会報告をして、都民の意見をしっかり集約してくるのです。すると、200日の議会活動が必要となってくるでしょう。従来の事業官庁ではなく、これからは政策官庁の役割をしっかり果たせるような都議会に変わることが重要です。こうなると議員報酬に対する世論の見方も変わるでしょう。1700

万円も高くないと見られるでしょう。

これまではあまり改革が行われず「眠れる都議会」と見られていたフシがあります。かつて改革派知事がいた三重や鳥取、宮城、岩手県などは知事が議会と論争し、議会自身、議会基本条例をつくって戦う風土が生まれ、現在もそれが定着しています。その姿と比較すると、巨大都議会の動きは鈍すぎます。

政務活動費、海外視察、公用車の使い方、プロ意識のどれも「権威の象徴」のような感覚で運用しており、日本の地方をリードする首都議会という姿が見えません。プライドはともかく行動としては感じられません。まして首都東京をどうしたいのか、都議会自身がビジョンを持っていないのです。政策提案は知事ら執行機関が行うものと確信している議員が多く、これでは政治主導の都政運営はできません。

都議選が近づくと、マスコミは議席の分捕り合戦ばかり報道し、それが国政選挙の先行指標ともされますが、本来都議選は次の時代をどうするかの「政策論戦」の場のはずです。各会派、各候補はその旗を高らかに掲げて戦わなければなりません。

マスコミは小池新党云々の話題で持ちきりですが、歴史的に見て、新党は生まれても数年で消える運命にあります。もちろん、新しい政治勢力の台頭に期待しますが、何議席とるといった予想ばかりに明け暮れるのではなく、どんな新機軸、政策を打ち出すか、その政策論争の鮮度で評価する報道が必要ではないでしょうか。

争論2　揺れる東京の政治、都市型新党はあるか

トランプ旋風に乗る小池百合子

日本人の多くが予想したでしょうアメリカのヒラリー・クリントン女性大統領

の誕生。しかし予想は全く外れ、次期大統領にはドナルド・トランプ氏が決まりました。日本に限らず、同氏をめぐっていろいろな情報が飛び交い、世界のトランプ旋風は未だやまない感じです。

日本の政治はどうでしょうか。2016年の夏、2つの大きな選挙がありました。まず7月10日に参院選。3年に一度の改選選挙ですが、ほとんど話題にもならず自民党が大勝しました。

一方、話題をさらったのはその3週間後、7月31日に行われた都知事選であったことは、既に説明したとおりです。それから4カ月、豊洲への市場移転をストップし、部局長18名の懲戒処分、東京オリンピック3施設の大幅見直しなど、小池氏の都政改革をめぐる話題に世論は沸騰し、〝小池劇場〟ともいわれました。

しかし、政治のハネムーンといわれる100日も過ぎ去り、いま急速に小池都政の注目度は落ちてきました。ですが、小池氏のこと、世論を味方につける、どんな奇抜な手を打つかわかりません。一説には小池氏がこの先、トランプ化するのではないかとの見方もあります。

ともかく、就任から2年4カ月で都知事を辞任せざるを得なかった舛添要一氏。辞任前の数カ月は、高額な海外出張費、公金・公用車の公私混同使用、政治資金の流用疑惑などが相次ぎ報道され、〝セコイ〟が流行語になるほど、都政は混乱し続けていました。

それをガラリと変え、澄みきったクリーンなイメージの都政に置き換え、東京の政治に一石を投じた点で、小池氏の功績は大きいものがあるとみてよいでしょう。

小池都政100日――ハネムーンが終わった

小池都知事の就任から4カ月を簡単に振り返りますと、まずリオ五輪が開催されていたブラジルに2回にわたり出張、最終日に次期開催地として五輪旗を引き継いできました。そして、都政刷新の視点から様々な問題を提起し、都民ファーストの視点で「都政の見える化」を図る努力を重ねてきました。

都政に既定路線はないと公言し、築地市場の豊洲移転を取りやめ、オリンピック施設の整備費見直しなどに尽力し、小池氏は本気で改革をやる知事だというイメージを都庁にも都民にも植え付けました。この点に限り評価すれば、小池都政への評価には高いものがあります。

ですが、問題はこれからです。豊洲移転は予定していた２０１６年11月７日を延期し、１年後、２年後になるような延期宣言になりました。

この先はどうなるか。総経費５８００億円を投じ、15年余の月日を費やしてきた大プロジェクトを自らの判断でストップしました。これをどう収拾するのか。

ともかく、政治のハネムーンとされる１００日、「何事も甘くみよう」期間が終わった小池都政です。この先いろいろな見方が出てくるでしょうが、端的に筆者からいわせると、問題提起は大変よかったのですが、問題はこの先、問題解決ができるかどうかです。解決能力のある都政なのか、実行力のある都知事なのか、その資質が問われることになるでしょう。政治は結果が問われます。

真の「東京大改革」なら、3つを問え

小池都知事の売りは「東京大改革」です。選挙中からずっとそれを訴えてきました。ということなら、いま行われている都政は東京大改革なのでしょうか。筆者からすると一部分としか思えません。都政大改革ではあっても東京大改革ではありません。もし、この先も東京大改革をいい続けるのなら、それは大きく3つの領域を問題にしなければなりません。

第1は、「都政の体質改善」です。既にこれは始まっています。都政改革本部をすぐ立ち上げ特別顧問十数名を任命し、いくつかの調査チームに分け提言が出ています。これは、小池氏が改革の一丁目一番地として取り組んでいる領域です。

情報公開1つ見ても「のり弁」（黒塗り）と称される秘密体質が蔓延し、役人の・役人による・役人のための行政運営がはびこっています。都民ファーストからは程遠い都政状況です。

あるいは各事業に高コスト体質が見られ税金の使い方に対する「甘さ」「たるみ」が見られます。肥満体質とまではいいませんが、少なくとも最小の費用で最大の効果を上げる努力が各分野で欠落しています。またこれまで議会との馴れ合い構造が定着し、二元代表制のよさが生かされていません。予算編成で200億円の都議会与党枠があるなど、他府県に例のない慣例までありました。それには議員が予算編成に参画できるという良さもありますが、小池氏は廃止しました。この先どうするかを含め、ガラス張りにし、都民ファーストからの議会との関係改善は大いに進めていただきたいです。

第2は、「都政本来の政策推進」を加速することです。現段階でいうと、この点がスポッと抜け落ちています。大都市東京は前例のない大転換期に入りました。

人口絶対減社会に突入し、「老いる東京」の諸問題の解決は待ったなしの状況にあります。生活者優先の視点から医療、福祉、介護、文化、教育、子育て支援を強化するソフトな領域。そして整備から50年経つ道路、橋、上下水道、地下鉄、地下道、公共施設などハードなインフラの劣化領域。これらを計画的に解決するには膨大な時間と労力を要します。

もちろん、国際都市東京の経済、金融、都市外交面でも手を打つことは多くあります。いずれ、ソフト、ハード両面の「老いる東京」について、都民、国民の不安を解消する手立てをしっかり講じていくことです。これが本来の都政の仕事です。外部有識者も交えた「都政政策戦略本部」創設による、強力な政策推進体制をつくることが、都民が一番期待するところのはずです。ここに本格的に踏み込んでいかない限り、小池都政は安定軌道には乗りません。

第3は、東京の「都市内分権」を進めることです。これは都庁内分権ではありません。大都市東京の統治のしくみを変える改革、つまり特別区、市町村を第1

の政府とするよう分権化を強く進めることです。特に都民の3分の2を超える900万人が暮らす23特別区との関係、分権の視点から都区制度改革を進めることが喫緊の課題です。

既に児童相談所を身近な特別区に設置すべきだとする厚労省の方針も出ています。しかし、この20年近く、都政は特別区との関係を見直す改革にほとんど踏み込んでいません。青島氏、石原氏、猪瀬氏、舛添氏と作家、評論家出身者の都政が続いたこともあるでしょうが、都庁は自らの仕事を抱えたまま、肥満化しています。

結果、都区関係に、①双方の役割分担が不明確、②住民に対する行政責任が不明確、③都は広域自治体としての大都市行政が弱い、といった批判が強まっています。ニア・イズ・ベスト、「近接性の原則」を大前提に身近な自治体を強くすべきで、都政はもっと広域政策に純化したものに変わらなければなりません。事業官庁から政策官庁への脱皮、それが政策を見直すことを伴う都政改革の本丸です。

小池都政のゆくえ、小池新党はできるか

小池都政は、先に述べた3つの領域のうち、第1の領域には熱心ですが、第2、第3領域は手付かずの感が強いです。2020年五輪の成功に向けた準備はもとより大切ですが、都政の本丸はそこではありません。この先、小池都政が都民のために、後者の2つに踏み込めるかどうか、小池都政がこの先一定期間続いていけるかどうかの焦点はここにあります。

話題性の高い政治塾についても一言触れておきましょう。小池氏は約2000人近くの受講生を集めて「希望の塾」という政治塾を始めました。これは先例となる橋下徹・前大阪市長の「維新政経塾」に似ています。小池氏の「希望の塾」は世の中から塾生を募って自らの政治理念を学ばせようという点、またそれを基礎に新党立ち上げも、という点も似ています。

しかし筆者が見る限り、決定的な違いがあります。

小池氏の政治塾はどう見てもファンクラブ的色彩が強く、ふわっとした感じの塾です。政治に関心のある人、政治家をめざす人、小池氏が好きな人の3つのグループの混成塾ではないでしょうか。根幹となる政治哲学、政治に何をもたらすか、何をやりたいかは、今ひとつはっきりしません。

学習塾ならそれでもよいですが、新党につなげるにはパワー不足では。カネも人材も必要です。講師陣も「好みで集め」、今のところパッとしない感じです。政治志望といっても次期都議選などをにらんだ目先の選挙互助会を期待して集まった人も多いのでは。大阪維新政治のように、統治機構の大改革（大阪都構想）をめざすといった、改革の志士が集まっているようにも見えません。

政治評論家の中には「小池新党」が2017年夏の都議選、次期衆院選の台風の目になると囃し立てる人もいます。しかし、都民、国民の新党を見る目は醒めています。みんなの党、次世代の党、結いの党などとこの4年余の間にいくつの新党が生まれ消えていったでしょうか。都民はよく見ています。

もし構想される新党がパワーを持つとすれば、この先、小池百合子氏と、橋下徹氏の2人が組んで、改革理念を共有し日本でまだ顔を見ない「都市型新党」をつくることではないでしょうか。それがあるとするなら、台風の目になる可能性はあるでしょう。

東京、大阪という日本の2つの基幹大都市が政治的に一体化し、それに名古屋市長らが加わっていくなら、農村過剰代表制ともいわれる古い自民党に代わって、大都市有権者の不満、不信、不安を吸収し、都市有権者に密着した都市型政治が行われる可能性があります。それなら、日本の政治に一石を投ずることになります。

そうした流れができていくかどうか、小池都政の改革の動きとともに、政治における小池新党の動きについても、大いに注目したいものです。

参考文献一覧

佐々木信夫『都庁　もうひとつの政府』（岩波新書、１９９１年２月）
佐々木信夫『東京都政―明日への検証』（岩波新書、２００３年２月）
佐々木信夫『都知事　権力と都政』（中公新書、２０１１年１月）
佐々木信夫『地方議員の逆襲』（講談社現代新書、２１０６年３月）
佐々木信夫『人口減少時代の地方創生論』（ＰＨＰ研究所、２０１５年３月）
前掲『都知事』第５章第１～２節（本書第６章・一部修正転載）
前掲『都知事』第６章第１～３節（本書第７章・一部修正転載）
佐々木信夫「大阪都構想からみた東京「都区制度改革」の課題」『都政研究』（16年６月号）（本書第８章・一部転載）
佐々木信夫「砂上化する東京の政治、小池都政のゆくえ」『中央大学オピニオン』（16年12月６日）（本書終章・修正転載）

●著者プロフィール

佐々木信夫（ささき・のぶお）

1948年生まれ。早稲田大学大学院政治学研究科修了。法学博士（慶應義塾大学）。東京都庁に入り企画審議室等に16年勤務。1989年聖学院大学教授に転身、1994年から中央大学教授、同大学院経済学研究科教授、現在に至る。専門は行政学、地方自治論。政府の第31地方制度調査会委員、日本学術会議会員、大阪府市特別顧問など兼務。主な著書に『都知事―権力と都政』（中公新書）、『都庁―もうひとつの政府』（岩波新書）、『地方議員の逆襲』（講談社新書）、『新たな日本のかたち』（角川新書）など。日本都市学会賞、NHK地域放送文化賞受賞。テレビ出演や新聞のコメント、地方講演など多数。

マイナビ新書

東京の大問題！

2016年12月31日　初版第1刷発行

著　者　佐々木信夫
発行者　滝口直樹
発行所　株式会社マイナビ出版
〒101-0003　東京都千代田区一ツ橋2−6−3　一ツ橋ビル2F
TEL 0480-38-6872（注文専用ダイヤル）
TEL 03-3556-2731（販売部）
TEL 03-3556-2733（編集部）
E-Mail pc-books@mynavi.jp（質問用）
URL http://book.mynavi.jp/

装幀　アピア・ツウ
DTP　富宗治
印刷・製本　図書印刷株式会社